TOP CLASS는
아이비리그가 꿈이 아니다

| 수 김 · 제인 김 지음 | 심재훈 옮김 |

HANEON.COM

TOP CLASS는 아이비리그가 꿈이 아니다

펴 냄	2006년 1월 1일 1판 1쇄 박음 ǀ 2006년 2월 10일 1판 3쇄 펴냄
지은이	수 김 Soo Kim Abboud · 제인 김 Jane Kim
옮긴이	심재훈
펴낸이	김철종
펴낸곳	(주)한언
	등록번호 제1-128호 / 등록일자 1983. 9. 30
주 소	서울시 마포구 신수동 63-14 구 프라자 6층(우 121-854)
	TEL. 02-701-6616(대) / FAX. 02-701-4449
책임편집	김훈태 htkim@haneon.com
디자인	이정아 jalee@haneon.com
홈페이지	www.haneon.com
e-mail	haneon@haneon.com

이 책의 무단전재 및 복제를 금합니다.
잘못 만들어진 책은 구입하신 서점에서 바꾸어 드립니다.

ISBN 89-5596-307-6   03320

TOP CLASS는
아이비리그가 꿈이 아니다

사과 속의 씨앗은 셀 수 있지만
씨앗 속의 사과는 셀 수 없습니다.
아이의 무한한 잠재력과 가능성을 일깨워 주십시오.

To _____

_____

_____

_____

_____

From _____

대한민국 부모님들에게 띄우는 편지

'사과 속의 씨앗은 셀 수 있지만 씨앗 속의 사과는 셀 수 없다' 는 중국 속담이 있습니다. 현재의 모습보다 무한한 잠재력의 가치 를 강조한 말이겠지요. 같은 맥락에서 교육이란 바로 아이의 무한 한 가능성을 발견하고, 그것을 북돋아주는 일이라고 생각합니다. 아이들은 '씨앗' 과 같습니다. 그래서 부모의 역할이 중요하지요.

그런데 이 땅의 많은 부모들은 잘못된 교육관을 가지고 있습 니다. 아이에게 알맞은 학습법을 택하기보다 남들 하는 대로 따 라하는 '묻지마 교육' 에 빠져있습니다. 요즘 부모들은 아이들을 밤늦게까지 학원에 보냅니다. 하지만 정작 '부모' 자신은 자녀의 교육으로부터 열외라고 생각합니다. 과외에 필요한 '돈' 을 벌어 다 주면 부모로서 역할을 다 했다고 생각하는 어리석음이지요. '우리는 맞벌이 부부니까…', '시간이 없어서…', '엄마 어릴 적 엔 이런 것 꿈도 못 꿨다' 는 말은 결코 이유가 될 수 없습니다.

이 책은 부모가 아이들의 가장 중요한 역할 모델임을 강조합니다. 미운 오리새끼가 처음부터 미운 오리새끼였습니까? 아닙니다. 어미 오리를 보고 배운 것이지요. 당신은 아이의 부모이자 선생님이기도 합니다. 일에 염증을 내는 당신을 보고 아이들도 자신의 일을 그렇게 대합니다. 학교나 학원이 모든 교육을 책임지는 것이 아닙니다. 따라서 부모가 적극적으로 자녀 교육에 참여해야 합니다. 잔소리와 짜증이 아닌 진정한 관심으로 말입니다.

아이들에게 목표를 세우고 관리하는 법을 가르치십시오. 학기말 시험 점수부터 미래의 자기 모습까지 인생은 목표를 향한 기나긴 여정입니다. 몽테뉴가 말했듯이 목표 없이 항해하는 사람에게는 바람이 필요 없습니다. 아이에게 목표가 없다면 당신의 노력은 헛수고에 불과하겠지요.

모든 부모들은 자신의 아이가 성공하기를 바랍니다. 그러려면 바로 당신부터 훌륭한 부모가 되어야합니다. 당신이 바뀌지 않는다면 아이도 바뀌지 않을 테니까요. 다시 이 글의 처음으로 돌아가 '씨앗'의 의미를 한번 새겨보십시오. '씨앗'을 가꾸는 농부의 손길에 따라 열매는 달라집니다. 성공할 사람이 태어날 때부터 정해진 것은 아닙니다.

저 또한 무한한 가능성을 끌어내고, 그것을 북돋아주신 부모님이 계셨기에 오늘 이 자리에 있다고 생각합니다. 부모님에 대한 감사 인사로 이 글을 맺고자 합니다.

2006년 1월 홍정욱
(헤럴드미디어 대표이사·발행인)

미국에서 동양인들은 어떻게 공부하는가?

  당신은 동양계 학생들의 미국 명문대학 진학률이 높은 이유를 생각해 본 적이 있는가? 동양계 학생들은 미국에서 가장 능력이 뛰어나고 똑똑하다고 알려져 있다. 물론 우리가 모든 동양계 학생들을 정형화하기는 어렵지만, 그들에게 뭔가 특별한 점이 있다는 것을 부정할 수는 없다.

  당신이 우리의 말을 믿기 어렵다면, 다음에 제시되는 통계를 확인해보라. 동양계 미국인이 미국 전체 인구에서 차지하는 비율은 4%에 불과하지만, 최고 명문대학들에서 그들의 비율은 월등히 높다. 아이비리그 대학에서 나타나는 이런 현상은 더욱 놀랍다. 펜실베이니아 대학의 23%, 콜롬비아 대학과 코넬 대학의 25%, 브라운 대학의 15%, 하버드 대학의 18%가 동양계 학생들이다. 또한 스탠포드 대학의 24%, 존스홉킨스대학의 15%, 노스웨스턴 대학의 17%, 캘리포니아 버클리 대학의 42%도 그들의 차지이다. 캘리포니아의 인구에서 동양계가 차지하는 비중은 11%에 불과한데도 말이다.

또 미국 인구조사국의 통계에 따르면, 미국의 전체 내과의사와 외과의사 중 15%가 동양계이다. 그뿐만이 아니다. 동양계 미국인은 학교에서 다른 아이들의 성적을 능가하며, 직장에서도 비동양계 동료들보다 많은 연봉을 받는다. 2002년 동양과 태평양 연안 출신 이민자들의 평균 수입은 52,018달러였으며, 이는 나머지 전체 인구의 가구당 평균 수입(42,409달러)보다 10,000달러 정도가 높은 것이다.

이런 숫자들이 의미하는 것은 무엇인가? 동양계 미국인들이 다른 종족이나 인종보다 지적 능력이 특별히 뛰어난 것은 아니다. 동양계 학생들이 다른 학생들보다 뛰어난 성적을 올리는 이유는 그들의 출생 조건과 무관하며, 오로지 성장 배경, 교육법과 관련 있다. 이 책은 학습에 대한 애착심을 발견하고 이를 바탕으로 지식과 특별한 능력을 키우고 싶은 모든 부모와 아이들을 위한 것이다.

당신은 이 책을 쓰는 우리가 누구이며, 왜 이 책을 썼는지 궁금할 것이다. 수는 외과 전문의이자 펜실베이니아 대학의 조교수이다. 제인은 필라델피아 아동병원의 변호사 및 이민 전문가이다. 그리고 우리는 한국계 미국인이다. 즉, 우리 부모님은 한국에서 태어나고 자랐으며, 우리가 태어나기 전에 미국으로 이민 왔다.

부모님은 보다 나은 생활을 할 수 있다는 꿈을 품고 미국으로 왔지만, 수중에는 돈이 거의 없었다. 부모님은 의욕이 넘쳤지만, 미국에 이민 온 초기 생활은 화려함과는 거리가 멀었다. 우리 부모님은 아버지가 공부하던 서던캘리포니아 대학 근처에 있는 작은 원룸 아파트에 살았고 늘 생계를 유지하기에 급급했다. 어머니는 재봉사로 하루에 12~14시간을 일했으며, 아버지도 컴퓨터 공학 석사 학위를 따기 위해 공부하는 한편, 야간 청소부와 주유소 종업원으로 일했다. 아버지는 그런 상황에서도 2년 만에 학위를 따냈다.

수는 부모님이 미국으로 건너온 지 2년 후에 태어났으며, 제인은 3년 후에 태어났다. 우리는 캘리포니아에서 토론토까지 여러 곳을 옮겨 다녔으며, 마지막으로 우리 가족은 아버지가 노텔 네트워크스의 고위직에 오르게 되면서 노스캐롤라이나 랄리로 옮겨 왔다. 어머니는 우리를 낳은 후에는 자녀 교육과 가사에만 모든 노력을 기울였다. 부모님이 우리에게 유명한 디자이너의 옷을 사주거나 카리브 해 여행을 시켜준 적은 없지만, 우리는 부모님의 사랑이나 관심을 아낌없이 받았다. 어려서부터 우리는 자식들의 행복이나 교육, 미래가 부모님이 우선시하는 최고의 가치라는 점을 한번도 의심해본 적이 없다.

수는 초등학교에 다니는 동안 모범적이고 조용한 동양계 아이였다. 그녀는 전 과목에서 A를 받았으며, 수학 경시대회에서 상을 받기도 했다. 또 친구들과 함께 해변에서 파티를 여는 대신 여름 수학캠프에 참가했다. 학교를 다니는 동안 그녀의 주된 목표는 유행하는 옷을 입는 것이 아니라 좋은 성적을 받는 것이었다. 지금 우리는 직업적으로나 개인적으로 목표를 성취한 성공적인 커리어 우먼이 되었다. 현재 우리와 부모님의 관계는 아주 좋으며, 가끔 어린 시절의 기억을 떠올리며 즐거운 시간을 보낸다.

우리는 자라면서 동양계 미국인 친구들이 교육과 직업 선택과 관련해 비슷한 경험과 시각을 가진 것을 자주 목격했다. 우리와 마찬가지로, 그들의 부모님에게도 자녀 교육은 항상 최우선의 고려 사항이었을 것이다. 두말할 필요 없이 우리는 우리와 다른 동양계 미국인들이 성취한 것에 대해 자부심을 갖고 있다. 하지만 그보다 중요한 것은 동양계 부모들은 아이들이 성공할 수 있도록 최선을 다해 교육한다는 점이다. 이 책의 목적은 바로 이런 비결들을 당신과 함께 나누는 것이다.

부모님이 친구와 대화 도중 가족을 자랑할 때면 우리는 흐뭇해지곤 한다. "집안에 의사와 변호사가 한 명씩 있으니 더 이상 바랄 게 뭐가 있겠어?" 이 책은 당신의 자녀가 특별한 학생이거나 대학에 수석으로 입학할 수 있다고 말하려는 것이 결코 아니다. 대신 이 책의 목적은 아이들에게 학습에 대한 열정과 애착심을 심어주어 그들이 훌륭한 학생이 되도록 돕고자 함에 있다.

물론 학업적인 성취가 개인적인 만족과 행복을 보장하는 것은 아니지만, 도움 되는 부분도 분명히 있다. 이 책은 동양계 이민자들로부터 찾아낸 원칙과 사례를 통해 학교와 직장에서 성공하는 아이들로 키울 수 있는 방법을 보여주고자 한다. 우리가 이 책에서 말하는 비결을 아이들의 인생에 적용한다면, 당신의 자녀는 훌륭한 학생이 되리라 확신한다.

부모로서 의미 있는 삶을 산다는 것은

1971년, 저와 아내는 사랑하는 가족과 친구들을 떠나 낯선 미국 땅에 첫발을 내딛었습니다. 그때 우리는 정든 고국을 떠난다는 슬픔과 새로운 삶에 대한 흥분으로 복잡한 심경이었습니다. 장밋빛 유학생활을 꿈꾸지는 않았지만, 미국에서의 생활은 예상 밖으로 힘들었습니다. 저는 서던캘리포니아 대학에서 석사학위 논문을 쓰면서 밤에는 건물 청소부로 일했습니다. 아내 역시 재봉사로 일하면서 생계를 꾸려나가야 했습니다. 그런 우리에게 두 딸은 힘든 삶을 이기게 해준 삶의 보람이자 기쁨이었습니다.

부모로서 저와 아내는 아이들에게 한국 문화의 특징 중 하나인 '학습과 교육에 대한 애착심과 규율'을 가르치고자 노력했습니다. 만약 이것을 가르치지 않았더라면, 미국에서 아무리 성공했다하더라도 '의미 있는 삶을 살았다'고 자부하지 못했을 겁니다. 다행히도 두 딸은 저희의 교육방침을 잘 따라주었고, 그 결과

각자의 자리에서 나름대로 성공하고 행복한 삶을 살고 있습니다. 큰 딸인 수는 존스홉킨스 의대를 졸업하고 지금은 펜실베이니아 의과대학에서 외과 의사 겸 조교수로 일하고 있습니다. 그리고 작은 딸 제인은 필라델피아 아동병원에서 변호사와 이민 전문가로 활동하고 있습니다.

저자인 수와 제인이 이 책을 쓴 목적은 단순히 학문적·사회적 성취를 자랑하고자 함이 아닙니다. 이 책을 통해서 그들이 지금의 위치에 오기까지 겪었던 어려움, 그리고 어떻게 이를 극복했는지 이야기할 것입니다. 그 가운데 가장 중요한 역할을 담당했던, '가족'의 역할과 중요성을 강조할 것입니다. 근사하고 눈부신 성공 이야기가 아니어서 다소 실망하는 독자들이 있을지도 모르겠습니다. 하지만 평범하고 성실한 하루하루의 노력이 없다면, 화려한 성공은 절대 존재하지 않을 것입니다. 힘들었지만 그래도 성실하고 정직하게, 딸들을 키웠던 저와 아내의 교육관, 그리고 이를 잘 따라준 두 딸의 이야기가 이 책을 통해서 여러분에게 잘 전달되리라 믿습니다.

끝으로 우리 가족의 큰 자랑은 서로 간의 신뢰와 사랑입니다. 그 어떤 가치보다 소중하게 지켜왔기 때문에 앞으로 어떤 어려움이 닥쳐와도 이겨내리라 확신합니다. 이 책을 통해 여러분의 자녀를 위한 소중한 보석들을 꼭 발견하시길 바랍니다. 감사합니다.

2006년 1월 김재신
(이 책을 쓴 저자들의 아버지, 현재 노스캐롤라이나 문화자원부 CIO)

Contents

※ 일러두기
책의 본문에서 '우리'는 수와 제인, 두 자매를 가리킨다.

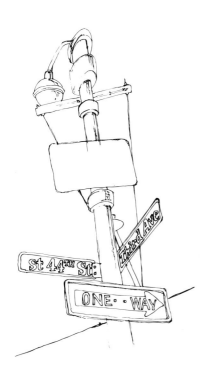

왜 우리 부모님은 낯선 미국에서 야간 청소부와 재봉사로 일해야만 했을까?
이제는 그 이유를 어렴풋이나마 알 수 있다.
당신들의 삶에서 가장 소중한 유산인 바로 '우리'를 위해서였다.

미운 오리새끼는
엄마가 만든다

가장 진실한 지혜는 사랑하는 마음이다. ― 찰스 디킨스

부모가 자녀에게 줄 수 있는 가장 소중한 것은 사랑이다. 하지만 학습과 교육에 대한 열망이나 애착심을 심어주는 것도 그에 못지않게 중요하다. 많은 부모들은 이런 학습에 대한 열정을 아이들에게 주입하기 어렵다고 생각한다. 물론 학습에 대한 애착심을 심어주는 일은 빠르면 빠를수록 좋다. 실제로 유아기가 가장 좋은 시기인데, 이때는 어린 아이들이 정보를 받아들이고 성공을 위해 필요한 가치를 확립하는 데 굉장히 효율적이기 때문이다.

하지만 우리는 아이들에게 학습에 대해 애착심을 심어주는 방법을 논하기에 앞서 요즈음 부모들이 아이들에게 이런 호기심을 전달하는 데 어려움을 느끼는 이유를 설명하고자 한다.

당신은 학습을 싫어한다

무엇보다 중요한 이유는 바로 부모 스스로가 학습을 좋아하지 않는다는 데 있다. 우리는 다른 어떤 가치보다 안락함과 여가를 중요시하는 사회에 살고 있다. 오늘날 많은 사람들이 조금이라도 빨리 집에 가서 TV를 보려고 서둘러 사무실을 나선다. 그런 사람들은 학습과 교육의 과정이 자신과 무관하거나 아주 먼 미래의 일이라고 비겁하게 자신을 합리화한다. 대부분 부모들은 고등학교와 대학을 졸업하는 것으로 학습과 자기계발을 멈춰버린다. 대학입시와 취업시험에 시달리며 보낸 10여 년의 세월에 대한 자기보상이라고 생각하는 것일까? 그들은 더 이상 책을 펼쳐보거나 새로운 배움을 위해 노력하지 않는다.

학습은 일생동안 꾸준히 해야 하는 것이지, 20대에 갑작스럽게 끝내도 되는 사춘기의 열병이 아니라는 점을 명심해라. 그것은 당신을 위해서가 아니라 당신의 자녀를 위해서 더욱 그렇다. 왜냐하면 당신의 아이들은 학교에 다니기 시작하면서부터 당신을 자신의 역할 모델로 삼기 때문이다. 당신이 일을 대하는 방식을 아이들은 자신의 공부하는 방식과 동일하게 여긴다. 당신은 혹시 매일 아침마다 잠자리에서 겨우 일어나 학교에 아이들을 데려다주면서 귀찮다는 듯이 불평하거나 짜증을 내진 않는가? 만약 그렇다면 아이들은 그런 태도를 무의식중에 학습하게 될 것이다. 겉으로 불평하지 않다 할지라도 당신의 똑똑한 아이들은 그 표정에서 그것을 읽어낼 것이다!

그러나 즐거운 마음으로 일하더라도 유난히 힘든 날을 보낸 후

라면, 당신은 누군가에게 위로 받고 싶어 한다. 좌절감과 극도의
피로감을 느낄 때 배우자나 아이들보다 말하기 좋은 상대가 어디
있겠는가? 그러나 우리는 그 말에 동의하지 않는다.

부모는 아이의 첫 번째 역할 모델이다

앞에서도 말했다시피 아이에게 부모보다 강력한 역할 모델은
없다. 부모가 다른 사람들을 학대하는 모습을 본 아이는 다른 사
람들을 학대하거나 그들에게 희생되는 법을 무의식중에 배울 수
밖에 없다. 반면 부모가 가족을 소중하게 생각한다면, 아이는 똑
같이 가족을 소중하게 대하는 법을 배우게 된다. 부모가 자녀의
생활에 얼마나 큰 영향을 주며, 어떤 행동이 사랑하는 자식들에
게 나쁜 영향을 주는지 모르는 부모들이 많다는 사실은 안타까운
일이다.

같은 맥락에서 당신이 학습에 대해 감사하고 애착심을 갖고 있
다는 것을 아이가 알게 된다면, 아이는 그 모습을 배우려고 노력한
다. 당신이 매일 아침 즐겁게 일하러 나가는 모습을 아이가 본다
면, 그는 일과 공부를 보상이나 즐거움의 연장선상에서 생각할 것
이다. 반대로 당신이 일하기를 꺼리거나 수시로 지각하고 아프다
고 회사에 전화하거나 작업환경과 동료를 헐뜯는 모습을 보인다
면, 그 아이는 학교에서 보내는 시간과 학습이 결국 미래에 자신을
불행하게 만들 뿐이라고 생각하지 않겠는가? 당신의 아이가 미운
오리새끼가 된다면 그것은 전적으로 당신의 책임이다.

부모는 자녀에게 가장 영향력이 큰 역할 모델이다.
그러므로 학습과 교육, 직업에 대한 열정적인 모습을 보여줘라.

교육만으로 행복과 성공을 보장할 수 없음을 깨닫는 것도 물론 중요하다. 우리는 석·박사 학위를 취득하고 많은 보수를 받으면서도 불행한 사람들을 수없이 열거할 수 있다. 중요한 것은 직업과 상관없이 지속적인 학습과 발전에 대한 애착심이 행복의 필수요소라는 점이다. 인생에서 이런 애착심을 명확히 만들지 않는다면, 당신의 자녀가 직업을 성취의 대상으로 생각할 수 있는 기회를 빼앗는 것과 똑같다.

아마도 지금쯤 당신은 '학습은 좋아하지만 일은 싫어할 수 있지 않은가?' 라고 반문할지 모른다. 한가한 시간에 박물관에 가서 건축이나 고고학에 대해 배우는 것은 좋아하지만, 은행원이나 매장 관리자로서 자신의 일은 싫어할 것이다. 이런 상황은 누구에게나 일어날 수 있다. 물론 직장에서 승진하기 위해 학습하고 헌신함으로써, 따분하거나 활기 없는 일일지라도 당신의 직업을 보다 의욕적으로 대할 수 있다.

그러나 대부분은 매일 아침 일찍 출근하는 일상을 싫어한다. 오직 타임카드를 찍기 위해 힘없이 출근하거나 상관의 질책을 모면하려고 할당된 일만 눈치껏 하고 있다면, 당신은 결코 직장에서 다른 사람보다 빨리 승진할 수 없다. 반면에 보다 빠른 속도로 작업을 마쳐 하루 업무량을 초과달성하고 동료들 사이에서 뚜렷한 실적을 올린다고 하자. 그러면 관리직에 있는 상사와 업무에 대해 논의할 기회를 얻게 되고, 더 나아가 승진 기회를 잡게 될 것이다. 이 때 비로소 직업에 대한 만족도는 커지고 행복에 가까워진다.

항상 직업을 위해 열정적으로 학습할 수 있는 방법을 생각해라. 그렇게 하면 승진할 수 있는 기회는 크게 늘어나고, 직업에서 느끼는 성취감이 자녀에게 그대로 전달된다.

물론 세상에 완벽한 직업이란 없다. 그리고 어떤 날은 일이 유난히도 힘들 수 있다. 이때 당신의 직업을 불평하고 어려움을 하소연하고 싶다면, 배우자나 친구 앞에서 해라. 하지만 자녀들 앞에서는 절대로 그렇게 해서는 안 된다. 자신의 직업에 대해 즐겁게 이야기하며 행동할 수 있도록 노력해라. 그러나 그것이 어렵다면 최소한 당신이 흥미를 가지고 있는 활동이나 취미를 시작해서 자녀들과 그 열정을 함께 공유해라.

자신의 직업이 변변치 않다고 생각하는 부모들은 아이들에게 지적인 자극을 주는 직업에서 흥분과 자부심을 경험할 수 있다고 가르쳐주려 한다. 그러기 위해서는 반드시 직업을 통해 기쁨을 느끼고 학습하는 어른들을 역할 모델로 제시해야 한다. 당신과 자녀가 이런 역할 모델로 둘러싸여 있다면, 아이의 학습 욕구를 자극할 뿐 아니라 당신에게도 긍정적인 자극이 될 것이다. 결코 자녀의 학습과 당신의 학습이 분리되어 있다고 생각하지 마라.

당신의 불행을 아이에게 떠넘기지 마라

수가 중학교 때부터 가깝게 지낸 안젤라라는 친구는 중국계 미국인 1세대였다. 안젤라의 부모는 노스캐롤라이나 주 랄리의 교외에 네일 살롱을 개업한 이민자였다. 그녀의 부모님은 하루종일 광택제와 알코올에서 풍기는 독한 냄새를 맡으면서 매일 12시간씩 일했다. 그렇게 7년 동안 일해서 충분한 재산을 모은 그들은 미국으로 이주한 형제들을 차례로 직원으로 고용했다. 그러나 그들은 경제적으로는 성공을 거뒀지만 점차 자신의 직업에 대한 불만이 커졌다. 안젤라의 어머니는 일하러 가기 위해 아침에 일어나는 것조차 힘겨워 하는 지경에 이르렀다.

물론 안젤라는 그들의 고충을 잘 알고 있었기 때문에 많이 괴로워했다. 그녀는 매일 학교가 끝나면 네일 살롱으로 달려가 어머니의 일을 도와주었다. 그런데 그때부터 그녀의 성적이 떨어지기 시작했다. 안젤라는 최고의 매니큐어 관리사가 되기는 했지만 학교에서 거의 유급될 상황에 처했으며, 밝은 성격의 그녀에게도 그것은 견디기 힘든 일이었다.

안젤라가 겪고 있는 문제는 크게 두 가지였다. 먼저 그녀의 부모님이 겪고 있는 고충을 자신이 분담하려고 했다는 점이다. 그녀는 학교가 끝나면 살롱으로 달려가 부모님을 도와줌으로써 그들을 '구원'하려고 생각했다. 그러나 안젤라의 부모님은 자신의 딸이 무엇보다 학교를 먼저 생각하기를 바랐다. 둘째, 안젤라의 부모님은 그녀가 보는 앞에서 수시로 자신의 일을 불평함으로써, 결국 안젤라도 일을 하고 싶은 것이 아니라 어쩔 수 없는 것으로 받아들이게 만들었다. 7학년생인 안젤라의 '일'은 숙제를 열심히 하고 학교생활을 잘 하는 것이었다. 하지만 안젤라는 그녀의 일과에 대해 자신의 부모님과 비슷한 태도를 가지게 되었고, 결국 성적이 떨어질 수밖에 없었다.

학교에서 겪은 안젤라의 실패는 부모님에게도 충격적이었다. 그들은 그때까지 자신들의 태도가 딸의 학교 공부에 얼마나 나쁜 영향을 끼치고 있는지 미처 깨닫지 못하고 있었다. 안젤라의 부모님은 그녀의 성적이 떨어졌다는 것을 안 순간 자신들의 습관을 바꿔야겠다고 결심했다. 더 이상 일을 불평하지 않고, 수입이 조금 줄더라도 새로운 직원을 고용했으며, 안젤라가 학교 숙제에만 전념하도록 배려했다. 그리고 안젤라의 어머니인 탄 부인은 마음의 여유를 갖고 딸과 함께 유익하고 즐거운 시간을 보내려고 노력했다.

그 이후 탄 부인은 그 동안 자신이 누렸던 것보다 많은 시간을 자유롭게 보내며 사친회(PTA : 교육효과를 높이기 위해 조직된 교사와 학부모의 상호협동체 - 옮긴이)와 지역 행사에 적극적으로 참여했다. 탄 부인은 수줍음을 많이 타는 성격에 영어가 아주 서툴렀음에도 우리 학교에서 많은 부모들과 친구가 되었다. 그녀는 사친회에 참석한 많은 사람들에게 무료로 매니큐어 서비스를 제공하면서 보다 친밀한 사람으로 알려지게 되었다. 얼마 지나지 않아 탄 부인에게 매니큐어 서비스를 받은 사람들은 안젤라와 탄 부인을 디너파티와 각종 지역 행사에 초대하기도 했다. 탄 부인은 서서히, 하지만 확실하게 자신의 일을 통해 지역사회를 화합

할 수 있다고 생각했으며, 이런 인식의 변화는 자신의 직업적 성취에도 긍정적으로 작용했다.

탄 부인은 스스로 훌륭한 역할 모델이 되는 것 외에도 건축가와 외과 의사, 사업가, 법률가, 컴퓨터 프로그래머 등과 교류하기 시작했다. 그 중에는 자신의 직업을 좋아하고, 그 열정을 젊은 세대와 나누고 싶어 하는 사람들도 많았다. 탄 부인은 자신이 딸에게 직업적인 성취나 즐거운 평생학습의 이상적인 모델이 아닐 수도 있다는 점을 알고 있었다. 그녀는 자신의 딸이 학습에 대해 흥미를 갖기를 간절히 원했다. 그래서 곧 자신의 친구들에게 그들을 훌륭한 직업으로 인도한 것이 무엇인지 안젤라와 이야기해달라고 부탁했다.

안젤라는 곧 그들과 긴 대화를 나눌 수 있었다. 그들은 한결같이 즐거운 마음으로, 만족할 만한 직업을 확보할 수 있는 방법에 대해서 의견을 주고받았다. 안젤라는 그 중에서도 특히 창의력과 기술적 능력이 돋보였던 소프트웨어 디자이너와 나눈 대화를 기억하고 있었다. 그 이후 그녀는 여름 동안 진행된 컴퓨터 프로그래밍 수업을 받으면서 진로를 결심했다. 그녀는 결국 샌디에이고에 있는 캘리포니아 대학을 졸업하고, 클린턴 대통령 재임기간에는 실리콘 밸리에서 신생 기업의 부사장으로 일했다.

자녀의 주변에 다양한 분야에서 활동하며 학습을 사랑하는 사람들이 모이도록 해라. 자연스럽게 당신의 자녀는 학습을 존중하게 되고, 자신의 선택에 필요한 정보를 얻을 수 있다.

이 외에도 당신의 자녀에게 학습과 교육에 대한 애착심을 갖도록 할 수 있는 여러 가지 방법이 있다.

아이에게 '진로의 날'을 만들어줘라

자넷은 우리가 다니던 교회의 서 목사의 장녀였다. 자넷의 부모님은 신앙심이 깊었으며, 교회 지도자인 자신들의 역할을 사랑했다. 그들은 신의 사역 및 복음 연구에 대한 자신들의 열정을 14살 된 딸과 함께하려고 했지만, 종교와 관련된 일을 하는 많은 사람들의 자녀들과 마찬가지로 자넷도 그것을 거부했다. 그녀는 교회에서 일을 맡지 않으려고 했으며, 수요일 저녁에 있는 어린이 성경공부 모임이나 일요일 아침 예배에 마지못해 참석하곤 했다.

서 목사는 자넷이 자신의 뜻을 따르지 않으려고 하는 것에 실망했지만, 딸이 교육의 가치를 배우고 학습의 감동을 직접 체험할 수 있도록 해주고 싶었다. 그래서 자신의 일을 사랑하는 사람들과 만나 다른 직업에 대해 배울 수 있는 기회를 주고자 했다. 서 목사는 자신이 선택한 분야와 다르더라도, 딸이 도전적이고 지적인 자극을 받을 수 있는 직업을 갖길 바랐다.

그 때쯤 서 목사는 딸을 위해 '진로의 날(Career Day)'을 만들어 주자는 생각을 했다. 당시 우리 교회의 집회에는 한국계 미국인이 수백 명씩 모였으며, 교수와 약사, 의사, 물리학자, CEO, 회계사, 엔지니어 등 다양한 직업의 사람들이 여럿 있었다. 서 목사는 교회 집회의 도움을 받아 예배가 끝날 무렵에 매월 '진로의 날' 이 있음을 홍보하기 시작했다. 그리고 매달 교회의 한 신도가 청년회(초등학교에서 고등학교까지의 청소년들)와 만나서 자신의 직업에 대해 이야기를 나누고 그 직업을 선택한 이유를 설명하도록 했다. 그런 다음에는 질의응답 시간이 이어졌다.

'진로의 날' 행사는 대개 일요일 예배와 점심시간이 끝난 후에 열렸다. 자넷은 평상시보다 오랫동안 교회에 머물러야 한다는 생각에 무턱대고 반대했다. 한가했던 일요일 오후가 갑자기 지루하고 무시무시한 반나절 행사로 바뀐 셈이었으니까.

처음에 자넷은 맨 뒤쪽 구석에 앉아서 껌을 짝짝 씹으면서 안절부절못했다. 그런 자넷 때문에 상대적으로 예민한 몇몇 어린이들은 발표자의 이야기에 집중하지 못할 정도였다. 여러 사람들이 번갈아 가며 중앙 연단에 올라가 발표를 하는 동안 자넷은 계속해서 소리를 내며 껌을 씹으면서 "주여! 저는 여기서 빨리 나가 담배를 피워야만 해요!"라며 삐딱하게 굴었다. 몇 주일이 지나도록 자넷의 행동에는 아무런 변화가 없었다. 하지만 어느 날 모든 것이 변하기 시작했다. 그날은 정말 기억에 남을 만한 일요일 오후였다.

한 여자가 발표를 위해 연단에 섰을 때였다. 매력적인 그녀의 외모 때문인지 성경공부 모임의 소년들이 일제히 자세를 바로잡는 희한한 일이 일어났다. 그녀는 지방대학 병원에서 약사로 일하며, 자신의 이름은 박명이라고 소개했다. 약으로 환자들을 도우면서 얻게 된 만족감에 대해 설명을 할 때, 그녀의 눈은 밝게 빛났다. 그런데 그녀가 이야기를 시작한 지 2분도 채 지나지 않아서였다. 자넷은 작은 목소리로 '바보천치라도 약국 진열대에서 약을 내려줄 수 있다'고 비아냥거렸다. 그리고 히죽히죽 웃는 표정으로 "의사도 아닌 주제에…"라고 말하면서 자신의 기분 나쁜 말 때문에 모임이 빨리 끝나기를 바랐다. "얘들아! 저 여자 말은 다 엉터리야!"

연단에 서있던 박명의 아름다운 아몬드 빛 눈동자가 즉시 시끄럽게 떠드는 자넷을 향하며 불쾌한 눈빛으로 가늘어졌다. 그녀는 부드럽지만 진지한 어투로 자넷에게 목사님의 딸이 함부로 행동해서는 안 된다고 충고했다. 발표자 중 어느 누구도 자넷에게 그렇게 말한 사람은 없었다. 그녀는 "그런 말을 해봤자 네가 얼마나 삐뚤어진 아이인가를 보여주는 것밖엔 안 돼!"라고 예리하게 지적했다. "지나친 너의 불안감은 오히려 사람들이 너를 얕보게 만들 뿐이야. 나중에 너는 지금 보인 그 태도 때문에 자신이 가진 충분한 잠재력을 발휘하지 못할 수 있어. 네가 어른스럽게 말할 수 있는 준비가 되었을 때, 나는 너와 대화를 나눌 수 있을 거야. 그 때까지는 다른 사람들이 내 얘기를 들을 수 있도록 입 다물고 있어."

모임에 참석했던 청중들은 숨을 죽인 채 자넷을 쳐다보았다. 그들은 자넷이 소리를 지르거나 어떤 식으로든 반발할 것이라고 생각했다. 그렇지만 아무 일도 일어나지 않았다. 얼굴이 빨개진 자넷은 조용히 의자에 앉아 있을 뿐이었다. 그러는 동안 다른 사람들은 박명과 함께 제약 산업에 대한 얘기를 나눴다.

그 후로 자넷은 한 번도 '진로의 날' 행사에 참석하지 않았지만, 박명은 자녯에게 결코 잊혀지지 않는 사람이 되었다. 몇 년 후 자녯은 박명이 일하고 있는 곳을 자주 방문했으며, 아이러니컬하게도 그녀는 결국 약사가 되었다. 들리는 소문에 따르면 자녯은 제약개발 분야에서 열심히 일하고 있다고 한다.

이 일화에서 얻을 수 있는 교훈은 분명하다. 당신의 자녀들이 평생 학습과 보다 높은 수준의 교육에 흥미를 갖도록 하기 위해서는 자신의 직업과 학습에 열정적인 사람들과 자주 만나게 해주어야 한다.

> 당신의 자녀가 학습과 교육을 좋아하도록 하려면, 먼저 당신이 먼저 솔선수범하거나 그런 삶을 사는 이들에게 자녀를 소개해라. 그리고 자녀에게 그런 마음가짐을 가르칠 수 있는 시간을 기꺼이 만들어라.

자녀에게 학습에 애착심을 갖도록 하는 데 어려움을 느끼는 두 번째 이유는 시간이 절대적으로 부족하기 때문이다. 자녀가 학습을 좋아하도록 만들기 위해서는 많은 시간이 필요한데, 대부분 부모들은 그런 귀중한 시간이 없다. 하루종일 일하고 지친 몸으로 돌아온 부모들은 자녀에게 새로운 동화책을 읽어주거나 덧셈과 뺄셈을 가르치면서 시간을 보낼 만한 여력이 없다. 물론 TV를 보거나 아이들과 노는 것은 일 때문에 지친 몸과 마음을 편안히 해주므로 부모에게 최고의 보상이다. 그러나 당신 자신만을 위해서 여가시간을 할애할 것인가? 물론 그것도 나쁘진 않지만 당신은 의욕을 가지고 자녀에게 교육적인 보상을 해주어야 한다.

딸과 함께 《제인 에어》를 읽다

우리들에게는 가족 휴가나 크리스마스 파티, 영화 관람 같은 잊지 못할 추억들이 많이 있다. 반면 수학 문제를 풀거나 어려운 책을 읽으면서 부모님과 함께 시간을 보낸 기억들도 수없이 많다. 따분한 말처럼 들리는가? 그렇게 생각할 필요는 없다. 맹세컨대, 그때 우리들에게 그것은 결코 따분한 일이 아니었으니까.

수가 고등학교 2학년이었을 때, 일종의 모의 SAT시험인 PSAT를 치른 적이 있었다. 이 시험은 SAT에서 어떤 성적을 받을 수 있을지 판단해 볼 수 있는 좋은 기회였다. 수는 가능한 한 좋은 점수를 받으려고 노력했지만 시험 결과에 실망하고 말았다. 수학 점수에 비해 언어 점수가 상대적으로 낮았기 때문이다.

처음에 수는 당혹스러웠다. 그녀는 수많은 '철자법 경연대회 (spelling championship)'에서 우승한 적이 있었고, 영어과목에서도 항상 A를 받았다. 그렇다고 모의시험 점수를 부정할 수는 없었다. 그녀는 어휘력과 독해력을 향상시키기 위해서 노력해야만 했다.

물론 시험 성적에 실망한 것은 그녀뿐이 아니었다. 아버지는 처음에 느꼈던 실망을 감추고 수에게 수학 점수를 칭찬해주면서 한편으로 어떻게 언어 점수를 향상시킬지 물어보았다. 수는 영어사전에 있는 모든 단어를 하나씩 외우는 것 말고는 어떻게 해야 할지 모르고 있었다. 다행히도 아버지는 더 좋은 생각을 갖고 있었다.

수가 시험 결과를 받은 지 며칠 후, 아버지는 예전에 작성한 여름 독서목록을 유심히 살펴보다가 샤롯 브론테의《제인 에어》란 책을 같이 읽기로 했다. 그 당시 수는 나이답지 않게 고전 작품들을 많이 읽고 있던 독서광이었다. 하지만 그녀는 책읽는 즐거움을 방해받지 않으려고 모르는 단어가 나와도 습관적으로 건너뛰곤 했다. 그러나 이번에는《제인 에어》를 여름 내내 꼼꼼히 읽어야만 했다.

수는 하루에 20페이지씩 읽기로 했는데, 그것도 마냥 쉽지만은 않았다. 수는 이해할 수 없는 단어를 일일이 표시하면서 사전에서 찾은 다음, 노트에다 그 뜻을 기록해야 했다. 결코 수보다 영어 실력이 좋다고 할 수 없는 아버지도 매일 수와 함께 기록해 놓은 단어들을 다시 검토하면서 배우려고 했다.

처음에는 20페이지를 읽는 데 몇 시간씩 걸렸다. 한 페이지 당 평균 5~6개 정도의 모르는 단어를 기록하다보니 하루에 100개 정도의 의미를 새로 새겨야 했다. 그녀가 하루종일 책을 읽을 수 있었던 것은 기꺼이 새로운 단어들을 학습하는 모습을 보여준 아버지 때문이었다. 아버지는 퇴근 후에 그녀가 정리한 어휘목록을 살펴보면서 열정적으로 수와 함께 그 단어들을 배우려고 애썼다. 그렇게 아버지가 몸소 보여준 학습에 대한 열정은 전염성이 강했다. 수도 얼마 지나지 않아 아버지와 함께 학습하는 시간을 기다리기 시작했다. 무엇보다 그 모든 과정은 단순한 학습이 아니라 부녀 사이의 유대감을 확인하고 견고히 해주는 훌륭한 경험이었다.

독서 계획을 실천에 옮긴 지 몇 주일이 지났을 무렵, 수는 그

책의 앞에서 배웠던 많은 단어들이 계속 반복된다는 것을 알게 되었다. 책을 읽어 나갈수록 기록해야 할 단어의 수는 점점 줄어 들었다. 책을 거의 다 읽을 무렵에는 모르는 단어의 수가 한 페이 지에 하나 정도 밖에 되지 않았다. 수가 책을 읽으면서 보내는 시 간도 몇 시간에서 30분 정도로 줄어들었고, 자신감은 그만큼 커 졌다. 수가 책을 다 읽었을 쯤에는 500개 이상의 새로운 단어를 익혀 그만큼 어휘력이 늘었다. 다음에 치른 SAT에서 언어 점수 가 오른 것은 물론이고, 수는 자신이 이룩한 것에 대한 커다란 자 부심을 갖게 되었다.

재미없는 공부는 아이에게 독이다

물론 그것 말고도 학습을 재미있게 만들어주고 보상하는 방법들 은 많이 있다. 지금부터 어머니와 수의 이야기를 살펴보자.

미국으로 이민 온 많은 부모들과 마찬가지로, 아버지가 가족을 부양하기 위해 일하고 있는 동안 어머니는 두 아이들과 함께 집 에 있기로 했다. 집안 분위기를 즐겁고 평화롭게 만드는 것 말고 도 우리 어머니의 중요한 임무는 우리들을 가르치는 일이었다. 설교적인 태도로 접근하는 아버지와 달리 어머니는 비교적 즐거 운 분위기에서 가르치곤 했다.

수가 겨우 두 살이었을 때, 어머니는 그녀에게 알파벳과 숫자, 색깔의 이름을 가르쳤다. 어머니는 일반적인 아동용 책들을 이 용하는 한편, 보다 혁신적인 교육법을 시도하기도 했다. 어머니는 두 살짜리 아이의 집중력이 상대적으로 약하다는 것을 알고 있었기 때문에 실내에서 책을 보며 보내는 시간을 최소한으로 줄였다. 어머니에 따르면, 수는 어머니와 함께 밖으로 나가는 것을 좋아했다. 수는 언제나 호기심이 가득한 표정으로 길 위에 있는 여러 표지판들을 가리키며 즐거워하거나 슈퍼마켓에서 사탕 같은 물건을 움켜쥐곤 했다.

어머니는 수에게 도로 표지판에서 사탕 포장지에 이르기까지 모든 사물에 적혀 있는 문자와 숫자에 대해 물어보기 시작했다. 며칠 지나지 않아 수는 차를 타고 가는 동안 자신이 도로 표지판에서 배웠던 문자와 숫자를 재잘거리기 시작했다. 급기야 나중에는 사탕보다 포장지의 글자들을 읽는 데 더 많은 관심을 보였다고 한다!

이런 사례들은 부모들이 자녀에게 학습이 반드시 필요하며 재미있고, 그에 따른 보상이 있다는 것을 가르칠 수 있는 수많은 방법 중 몇 가지에 불과하다. 자녀의 미래에 대해 야심찬 계획이 있고, 그들에 대한 애정이 넘치는 부모들에게 우리가 해줄 수 있는 조언은 이런 것이다. 당신이 자녀들에게 학습과 교육이 재미있고 그에 따른 보상이 있으며 시간을 들일 만한 가치가 있다는 것을 보여준다면, 아이들은 배움 자체를 즐겁게 생각할 것이다.

아이들에게는 학용품 가게에 가는 것이 즐거움이며 기억에 남을 만한 일이다. 많은 친구들은 방학이 끝나고 학교로 돌아가는 것을 강제 수용소에 들어가는 것에 비유했지만, 우리는 학교로 돌아가는 것을 한 번도 싫어한 적이 없었다. 왜냐하면 우리는 새로운 학년이 시작되기 전에 부모님과 함께 학용품을 사러 가는 것이 무척 즐거웠기 때문이다.

이것은 K마트(미국의 대표적인 할인유통 체인점 – 옮긴이)에서는 불가능한 일종의 쇼핑 여행이었다. 부모님은 매년 새 학기가 시작될 때마다 우리를 데리고 식료품부터 선물, 학용품까지 모든 것을 갖추고 있는 한국계 슈퍼마켓에 갔다. 그곳에서 우리는 알록달록한 색깔로 디자인된 펜과 연필, 지우개, 공책 더미를 샅샅이 뒤지곤 했다. 헬로키티 제품을 좋아하는 제인은 자신의 바구니를 헬로키티 학용품들로 가득 채우곤 했다. 제인보다 두 살이 더 많은 수는 자신이 헬로키티 학용품을 사기에는 너무 컸다고 생각했다. 대신에 수는 예쁜 지우개와 마음에 드는 연필을 한 아름씩 샀다. 부모님은 학용품 구입에는 비용을 아끼지 않았다.

우리는 새로 산 것들을 책상 위에 조심스럽게 늘어놓으며 서로 자랑한 후에는 그것들을 테스트해 보았다. 제인은 '감사합니다' 란 글자를 쓰곤 했다. 그리고 수는 유명한 작가가 된 소녀에 대한 자전적 이야기를 하루종일 쓰곤 했다. 우리는 성인이 된 지금, 부모님이 우리에게 학교가 즐겁고 재미있는 곳이라는 점을 깨우쳐 준 것에 정말 감사한다.

부모님은 가끔 작은 이벤트로 우리에게 교육적인 보상을 주곤 했다. 영화관에 가는 것처럼 재미있으면서도 분위기를 편안하게 만드는 가족 활동은 분명 교육적인 가치를 포함하고 있다. 한 번은 온 가족이 '고스트버스터즈'라는 영화를 본 적이 있는데, 그 영화는 우리의 어린 시절 기억에서 가장 재미있는 일 중 하나로 손꼽힌다. 우리 가족은 버터를 바른 팝콘이나 사탕, 코카콜라를 게걸스럽게 먹으면서 배꼽이 빠질 정도로 웃고 난 후에 집으로 돌아왔다. 또한 부모님은 스스로의 경험을 이용해서 지식의 기반을 넓히라고 우리에게 가르쳤다. 영화를 본 후, 수는 원소 주기 율표를 공부했으며, 제인은 《브리태니커 백과사전》을 읽으면서 화성에 대해서 배웠다(부모님은 제인에게 '고스트버스터즈'에 나온 유령들이 그곳에서 태어났다고 말했다!).

이렇게 부모님은 시간을 들여 학습과 교육을 우리의 모든 행동 속에 통합시켰다. 실제로 우리가 가장 좋아하는 유년시절의 기억 중에는 학습이나 교육 효과가 있는 놀이들이 많다. 가장 중요한 것은 학습이 학교나 '일'에만 국한된 것이 아니라 모든 가족 활동과 관련되어 있다는 점이다.

학습과 교육을 자녀의 일상적인 생활에 포함시켜라. 하지만 그런 활동을 학교나 숙제와 연관짓지 않도록 해라.

부모들이 학습과 교육에 대한 애착심과 존중을 가르치는 데 어려움을 겪는 세 번째 이유는 부모 스스로 언행일치가 되지 않기 때문이다. 즉, 당신의 자녀에게 학교에 가야 한다거나 좋은 성적을 받아야 한다고 말하기는 쉽다. 하지만 당신의 생활 방식을 바꾸거나 자녀가 최고 수준의 교육을 받을 수 있도록 희생하기란 쉽지 않다. 당신은 언제든지 자녀에게 학습에 전념하는 것이 최우선 사항이라고 말할 수는 있다. 하지만 당신의 행동이 스스로 말한 내용을 뒷받침하지 못한다면, 그 말은 그야말로 '쇠귀에 경읽기' 일 뿐이다. 아이들은 영리하기 때문에 당신이 말한 내용과 행동의 차이를 쉽게 구별할 수 있다.

부모들은 항상 말로만 최선을 다하라고 한다

제인이 가깝게 지내는 친구인 수잔은 인도계 미국인이었다. 수잔의 부모님은 모두 대학병원의 내과 의사였다. 그들은 권위 있는 대학에서 의학박사 학위를 받았으며, 학계에서 높은 평가를 받고 있었다. 그러나 그들은 하루에 보통 12~14시간씩 일해야 했기 때문에 이웃이나 베이비시터가 수잔을 돌보는 일이 잦았다. 수잔의 부모님은 딸과 함께 보낼 때면, 자신들의 학위로 빼곡히 장식된 벽을 가리키면서, 수잔이 그런 벽으로 둘러싸여 있다는 것만으로도 공부하고 싶다는 자극을 받을 것이라고 믿었다. 하지만 그들의 생각은 잘못되었다.

수잔은 부모님이 이룩한 대단한 업적에서 기쁨이나 행복을 거의 느끼지 못했다고 한다. 그녀는 부모님이 집에 일찍 돌아오기를 애타게 기다렸지만, 부모님은 초췌한 얼굴로 '정말로 힘든 하루였다'고 불평만 할 뿐이었다. 수잔의 부모님은 그녀에게 공부한 내용이나 숙제를 다 했는지 자주 물어보곤 했지만 실제로 딸의 교육에 참여할 만한 여력이 거의 없었다.

수잔의 부모님은 딸에게 의학이나 그와 비슷한 전문직종에 종사해야 한다고 말했지만, 정작 그녀는 높은 수준의 교육이 비참함이나 피로를 의미한다고 생각했다. 결코 그녀는 부모님과 같은 사람이 되고 싶지 않았던 것이다. 수잔의 부모님은 직업적으로 성공하긴 했지만, 항상 피곤하고 불행해 보였으니까. 과연 무엇 때문에 부모님과 같은 사람이 되고 싶겠는가?

수잔은 대학에 진학하면서부터 많은 예술가와 만나기 시작했다. 몇 달 후, 그녀는 그림을 그리기 시작했으며, 그녀의 남자친구도 그것이 새로운 직업으로 충분히 해 볼 만하다고 말했다. 그 전에 수잔은 한 번도 붓을 잡아보거나 예술에 관심을 보인 적이 없었기 때문에, 부모님이 걱정하는 것은 당연했다. 수잔은 부모님의 반대에도 불구하고 마음을 굳혔다. 그리고 그녀는 학교를 중퇴하고 그 예술가와 결혼을 했다. 하지만 결국 그녀의 부모님이 한 걱정이 옳았다. 예술가로서의 수잔의 경력은 매우 미미한 것이었다. 그녀는 현재 이혼한 상태이며, 우리가 잘 알지 못하는 낯선 대학에서 커뮤니케이션학 학위를 받기 위해 공부하고 있다.

그렇다면 무엇이 잘못된 것일까? 우리는 예술을 사랑하고 예술적인 재능을 가진 사람들이 자신의 꿈을 좇아서는 안 된다고 말하려는 것이 아니다. 하지만 수잔은 자신의 재능이나 욕구, 또는 성공한 사람이 되기 위해 필요한 것들을 고려하지 않고 특별한 직업을 택했던 것이다. 그녀의 부모님이 교육과 학습을 통해 얻을 수 있는 행복과 자부심, 안정적 생활을 보여주었다면 다른 결과가 나왔을지도 모른다.

아무리 사소한 것이라 해도 부모의 희생은 자녀의 인생에 큰 영향을 준다. 우리는 아주 작은 집에 살면서까지 최고 학군에서 자녀에게 좋은 교육환경을 만들어주려고 노력했던 부모들을 알고 있다. 어떤 부모들은 자녀에게 새 책을 사주기 위해 차를 바꾸지 않고 지내기도 했다. 이렇게 희생을 감수한 부모의 자녀들은 매일 자신이 받고 있는 교육이 얼마나 소중한 것인지 다시 생각하게 된다. 반대로 부모들은 자녀에게 최고의 미래를 보장해주기 위해 혼신의 힘을 다했다는 사실에 만족해 할 것이다.

당신이 바뀌어야
아이가 바뀐다

1. 부모는 자녀에게 가장 영향력이 큰 역할 모델이다. 그러므로 학습과 교육, 직업에 대한 열정적인 모습을 보여줘라.

2. 항상 직업을 위해 열정적으로 학습할 수 있는 방법을 생각해라. 그렇게 하면 승진할 수 있는 기회는 크게 늘어나고, 직업에서 느끼는 성취감이 자녀에게 그대로 전달된다.

3. 자녀의 주변에 다양한 분야에서 활동하며 학습을 사랑하는 사람들이 모이도록 해라. 자연스럽게 당신의 자녀는 학습을 존중하게 되고, 자신의 선택에 필요한 정보를 얻을 수 있다.

4. 당신의 자녀가 학습과 교육을 좋아하도록 하려면, 먼저 당신이 먼저 솔선수범하거나 그런 삶을 사는 이들에게 자녀를 소개해라. 그리고 자녀에게 그런 마음가짐을 가르칠 수 있는 시간을 기꺼이 만들어라.

5. 학습과 교육을 자녀의 일상적인 생활에 포함시켜라. 하지만 그런 활동을 학교나 숙제와 연관짓지 않도록 해라.

바쁜 척하는 부모가
아이를 망친다

인생은 짧다. 하지만 우리는 부주의하게 시간을 낭비하여
짧은 인생을 더욱 짧게 만든다. ─빅토르 위고

아이들은 자신이 가족의 사랑과 든든한 후원을 받고 있음을 느끼
고 싶어 한다. 동시에 아이들은 어떤 '성취'를 통해 부
모를 기쁘게 해주려고 한다. 그런데 동양인과 미국인
은 그 성취를 바라보는 관점이 다르다. 미국인은 개인
의 성공을 다른 무엇보다 중요하게 생각하면서 가족과
그 이외의 요소들을 상대적으로 낮게 평가하는 편이
다. 그러나 동양에서는 가족 중 어느 한 사람이 이룩한
업적을 '가족을 위한' 성공이라고 생각하고, 온 가족
이 그 영광을 함께 나눈다. 그래서 동양의 아이들은 가
족의 자부심을 위해 다른 사람들보다 뛰어나야 한다고
배운다.

개인의 성공이 아니라 가족의 성공임을 강조해라. 그리고 온

가족이 자녀의 성공을 축하해 줌으로써 책임감과 가족에 대한 충성심 (royalty)을 쌓아줘라.

가족은 혼자서 할 수 없는 일을 한다

우리 부모님은 가족을 '공동의 목표를 향해 함께 나아가는 팀'이라고 말씀하곤 했다. 그래서 가족 중 누군가가 고군분투하고 있다면 온 가족이 나서서 그의 뒤에서 응원하곤 했다. 개인의 성공이나 승리는 없었으며, 오직 가족의 성취만이 있을 뿐이었다. 그렇다고 해서 부모님이 우리에게 엄청난 일을 대신해 준 것은 아니다.

수가 더햄에 있는 공립영재학교인 노스캐롤라이나 과학·수학학교(NCSSM)에 다니고 있었을 때였다. 그 학교는 노스캐롤라이나 주 전체에서 수학과 과학에 뛰어난 재능을 가진 학생들이 모이는 곳이다. 수는 그때까지 별다른 노력 없이도 과학과 수학에서 좋은 성적을 유지했지만, 그 학교에서는 평균 B⁻를 받기조차 힘겨웠다. 학교 수업은 수가 상상했던 것보다 훨씬 어려웠으며, 그녀는 더 이상 반에서 최고가 아니었다. 단지 그녀는 NCSSM에 다니는 한 명의 학생일 뿐이었다.

수가 첫 학기의 성적표를 받았을 때, 화학이 그녀에게 가장 취약한 과목이라는 사실이 분명해졌다. 수는 일주일 내내 학교 기숙사에서 지내야했는데, 금요일 오후가 되면 부모님은 학교에서 그녀를 데려와 주말 동안 집에서 보낼 수 있도록 했다.

성적표를 받았던 주말의 대화 주제는 결국 수의 화학 성적을 어떻게 올릴 것인가에 맞춰졌다. 부모님은 어떻게 하면 화학에 대한 수의 이해력, 궁극적으로는 수의 성적을 향상시킬 수 있는지 끊임없이 물어보았다. 부모님은 자신들이 기대하는 건 오직 수가 최선을 다하는 모습이라고 분명히 말했다. 그리고 그녀가 향상된 성적에 기뻐하면 부모님도 마찬가지일거라고.

수가 어떻게 하면 화학 문제를 잘 풀 수 있는지가 집안 전체의 과제가 되어버렸다. 저녁 식사와 약간의 휴식, 근처에 있는 베스킨라빈스에 잠시 들르는 일이 끝나면, 수는 아버지와 함께 앉아 그 주에 배웠던 내용들을 다시 살펴봤다.

수는 빨리 답을 생각해내려고 했지만, 아버지는 그녀에게 문제 푸는 속도를 늦추면서 내용을 완전히 이해하라고 충고했다. 그때 어머니는 맛있는 스낵을 준비하는 것으로 자신의 역할을 충실히 했다. 그리고 제인은 친구들과 함께 영화관이나 쇼핑몰에 가는 대신 집에 머물면서 언니의 집중력이 흔들리지 않도록 도와주었다. 조금 우스꽝스럽긴 해도 화학을 완전히 이해한다는 수의 개인적인 목표는 온 가족의 목표가 되었다. 그 목표는 계획대로 잘 진행되었다. 몇 달의 노력 끝에 수의 화학 성적은 B^-에서 A^-로 올라갔다. 수가 성적표를 받은 후, 우리 가족은 근사한 스테이크하우스와 영화관에 가는 것으로 우리가 성취한 것('우리'라고 하는 것에 주목하라)을 축하했다. 그녀는 온 가족이 자부심을 느낄 수 있도록 해주면서 그 노력의 결실을 거둔 셈이었다.

우리가 여기서 얻은 교훈은 아주 단순하다. 혼자의 힘으로 그런 결실을 거둘 수 있는 사람은 아무도 없다는 것이다. 협동작업에 필요한 가치는 물론이고, 가족에 대한 자부심과 충성심을 불어넣어주면 아이들은 학교 성적에 대해 책임지려 한다. 그리고 온 가족이 자신의 행동에 영향을 받는다고 믿게 된다면, 그들은 더욱 열심히 공부하면서 얻은 성공을 더 고맙게 생각할 것이다. 가족의 행복과 자부심에 자신이 기여한다는 믿음은 아이들이 학교에서 최선을 다하도록 돕는 강력한 동기가 된다. 그리고 자신을 위해 부모와 형제들이 희생하는 모습을 본 아이들은 가족에 대한 충성심을 갖는다.

가족 모두가 성공을 축하해주고 어려움도 함께 해결함으로써 자녀에게 학교에서 거두는 성과가 온 가족에 영향을 미칠 수 있음을 가르쳐라.

수가 크게 노력하지 않고도 좋은 성적을 거둔 반면, 제인의 경우는 그렇지 않았다. 다시 한 번 말하지만 우리가 이 책에서 말하고 싶은 것은, 동양인이 학교에서 남들보다 좋은 성적을 올릴 수 있는 재능을 가지고 태어난다는 것이 결코 아니다. 또 동양인이 코카서스 인이나 라틴계, 또는 아프리카계 미국인보다 특별히 부지런한 것도 아니다. 제인의 이야기에서 알 수 있듯이 다만 우리의 교육 방법이 다를 뿐이다.

바쁜 척하는 부모가 아이를 망친다

제인은 어려서부터 창의력이나 남을 돕고 싶어 하는 마음이 남달랐으며, 말이나 글로 꼼꼼하게 이야기를 전달하는 데 덕월한 재능이 있었다. 그녀는 대부분 과목에서 평균 이상의 성적을 받았으며, 특히 영어와 사회 과목에서 우수한 성적을 내곤 했다. 하지만 그녀는 강압적인 과제에 쉽게 싫증을 냈다. 부모님은 제인의 재능과 약점에 대해 잘 알고 있었으며, 그녀가 자신이 가진 능력을 최대한 발휘할 수 있도록 도와주었다.

그러나 부모님이 동경으로 이사하면서 제인은 그곳의 미국인 학교(ASIJ)에 입학했으며, 그때부터 성적과의 치열한 싸움이 시작됐다. 제인이 다니던 학교는 명문 국제고등학교인데, 아이비리그 대학 진학률이 월등히 높았기 때문에 최고의 학교로 평가받고 있었다. 제인은 그곳에서 첫 학기를 마친 후, 부모님이 그 때까지 한 번도 본 적이 없는 초라한 성적표를 받아들고 왔다. 그녀의 성적표에는 A학점짜리가 한 과목밖에 없었고 대부분이 B학점이었으며 C학점도 두 과목이나 있었다.

부모님은 충격을 받았고, 실망과 걱정이 교차하는 모습이 역력했다. 제인은 항상 평균 이상의 성적을 유지했으나 그때 그녀의 성적은 평범한 학생의 전형적인 성적표와 크게 다르지 않았다. 그런 상태로 최고 대학에 입학하는 것은 불가능해 보였다. 그러나 더욱 중요한 문제는 제인이 과학과 수학 개념들을 어려워 한다는 데 있었다.

학교 수업이 어려워서 제인이 평범한 성적을 받은 것이기도 했지만, 그보다 결정적인 이유는 부모님이 그때 힘든 직장 일에 매달리고 있었기 때문이었다. 일본으로 이사하기 전보다 제인이 낮은 성적을 받은 것을 부모님은 자신들의 도움을 받지 못해서일 거라고 생각했다. 물론 그것은 잘못된 생각이다! 우리 부모님은 제인이 일어나기도 전에 일하러 나가는 날이 많았고, 밤늦게 돌아오곤 했다. 그 이전에 제인이 경험하지 못했던 낯선 환경이었다. 결과적으로 그녀는 부모님의 통제를 받지 않는 자유시간을 마음껏 누린 것이다. 보통의 15살 소녀에게 그것은 친구들과 쇼핑하거나 영화를 보며 공원에서 놀 수 있는 시간이 많아진다는 것을 의미한다.

우리 부모님은 즉시 조치를 취했다. 우선 제인의 과학과 수학 담당 선생님들을 만나서 문제가 되는 과목에 대해 걱정을 털어놓았다. 부모님은 선생님들의 도움을 받아 제인의 성적을 향상시키기 위한 계획을 세웠다. 그 계획은 정해진 숙제가 끝난 후 반드시 과학과 수학에 30분씩 시간을 추가로 할애한다는 내용이었다. 부모님은 일하는 시간을 줄이고, 자신의 학창시절을 떠올리며 제인의 교과서를 들춰보았다. 부모님을 포함해 세 사람만의 여행이 시작되었다고나 할까? 대학에서 공부하고 있던 언니 수도 크리스마스와 여름 방학에는 제인과 함께 복잡한 과학 개념들을 복습하면서 시간을 보냈다.

우리는 제인의 나쁜 성적을 그녀만의 문제로 방치하지 않았다. 부모님은 딸이 과학과 수학에서 어려움을 겪는 이유는 자신들의 탓이라고 생각했다. 부모님은 언제나 우리에게 가족에 대한 자부심과 충성심의 가치를 가르쳤는데, 그때처럼 굳은 믿음을 보여준 적이 없었다. 온 가족이 같은 목표를 향해 시간과 에너지를 투자한다면, 제인이 어려워하는 과목의 성적을 올릴 수 있다고 긍정적으로 생각했다. 그리고 부모님은 제인이 가족을 위해서라도 학교에서 최선을 다하리라고 믿었다.

다음 학기에는 제인의 과학 성적은 C에서 B로, 수학도 C에서 B⁻로 올랐다. 제인이 전 과목에서 A를 받을 거라고 기대한 사람은 아무도 없었지만, 우리 가족은 성적이 향상되었다는 사실 그 자체만으로 만족했다. 우리는 모두 제인의 과학과 수학 능력을 향상시키기 위해 노력했고, 그 덕분에 제인은 행복과 자부심을 느낄 수 있었다. 무엇보다 제인의 미래에 긍정적인 기여를 한 셈이다. 우리 가족 중에서 자신만의 힘으로 승리를 거둔 사람은 아무도 없었으며, 우리는 그 점에 대해 항상 감사하게 생각한다.

세상에서 당신의 가족은 몇 개입니까?

이제 우리는 마지막으로 문화적 자부심에 대해 이야기하려 한다. 우리 부모님은 미국이라는 나라에 살게 된 것에 감사하고 있다. 하지만 한편 한국인으로서 물려받은 정신적 유산을 한 번도 잊은 적이 없다. 또 부모님은 우리에게 김 씨 집안의 일원으로서 한국인이라는 뿌듯함을 가르치는 일을 게을리 하지 않았다. 우리는 어렸을 때부터 우리 가족에 고유하게 나타나는 한국적인 유산을 자랑스럽게 생각하도록 배웠다. 그리고 이런 자부심과 독창성은 교실의 안팎에서 우리에게 긍정적으로 작용했다.

다양한 방법으로 당신의 가족이 소중하다는 점을 강조함으로써 가족에 대한 자부심과 충성심을 키워주어라.

에이본 프로덕트 *Avon Products*의 CEO인 안드레아 정 *Andrea Jung*도 문화에 대한 자부심이 성공에 자극이 됐다고 말한다.

"내가 거대한 기업을 경영하는 몇 안 되는 여성으로서 빠르게 지금의 지위에 오른 것을 생각할 때면, 나의 중국적인 유산과 이런 고귀한 재능을 갖게 된 것이 얼마나 큰 행운인가에 대해 항상 고마워하고 있다. 나는 성공을 요구하는 것이 아니라 독려하는 전통적인 중국인 가문에서 성장했다. 홍콩에서 태어난 나의 아버지는 성공적인 건축가였고, 상하이 태생인 어머니는 토론토 대학에서 최초의 여성 화학엔지니어였다.

두 분께서 미국으로 건너오실 때는 영어를 한 마디도 못했지만, 열심히 공부해서 당신들이 갖고 있던 모든 잠재력을 실현했으며, 부모님의 성공은 내게도 훌륭한 본보기가 되었다. 부모님은 나에게 가장 큰 영향을 미친 분들이며, 지금까지 그들만큼 내 인생에 큰 영향을 준 사람은 없다. 부모님은 우리를 키우면서 중국적 유산의 가치와 전통을 존중했으며, 우리에게 보다 수준 높은 교육을 받을 수 있는 기회를 만들어 주려고 노력했다. 그리고 우리가 미국 사회에 적응해서 급격하게 변하는 세계에서 성공하기를 바랐다. 그래서 나는 미국인 친구들과 비교해도 손색없는 학교, 테니스와 피아노 레슨이라는 과분한 기회를 모두 누릴 수 있었다. 하지만 무엇보다 중요한 것은 항상 자랑스럽게 생각하는 우리의 문화적 유산을 훌륭하게 이용했다는 점이다."

— 안드레아 정의 연설 중에서

당신의 자녀가 비슷한 환경의 다른 아이들 중 한 명이라고 느끼게 해서는 안 된다. 세상에서 당신의 가족은 하나뿐이며, 당신의 자녀도 하나뿐임을 인식시켜야 한다. 자신이 고귀하다는 점을 강조함으로써 가족에 대한 자부심을 갖도록 해라. 그러면 교실의 안팎에서 아이의 자신감과 성과가 커가는 것을 볼 수 있을 것이다.

당신이 바뀌어야
아이가 바뀐다

1. 개인의 성공이 아니라 가족의 성공임을 강조해라. 그리고 온 가족이 자녀의 성공을 축하해 줌으로써 책임감과과 가족에 대한 충성심을 쌓아줘라.

2. 가족 모두가 성공을 축하해주고 어려움도 함께 해결함으로써 자녀에게 학교에서 거두는 성과가 온 가족에 영향을 미칠 수 있음을 가르쳐라.

3. 다양한 방법으로 당신의 가족이 소중하다는 점을 강조함으로써 가족에 대한 자부심과 충성심을 키워주어라.

SECRET 03

만족을 늦추는 법을 알면
미래가 행복해진다

인생의 가장 큰 비밀은 기다리는 법을 배우는 것이다. ─무명씨

우리는 즉각적인 만족과 속도에 집착하는 시대에 살고 있다. 오
늘날 미국인들은 이전의 어느 때보다 여유를 잃어가고
있으며, 어떤 일에도 기다리는 데 귀중한 시간을 낭비
하지 않으려 한다. 페덱스 *Fed Ex* 같은 기업은 끊임없
이 보다 빠른 서비스를 개발하고, 그와 관련된 정보를
모으는 데 몰두해 있다.

대부분의 미국인들과 마찬가지로 우리도 즉각적인
만족과 속도, 물질에 집착하는 환경에 둘러싸여 있다.
빅맥 햄버거를 먹기 위해 2분 이상 기다려야 한다는 생
각만 해도 수는 거의 히스테리에 걸릴 지경이 된다. 마
찬가지로 메이시스 *Macy's* 백화점에서 물건을 구입하
기 위해 줄을 서야 할 때면 제인도 짜증을 낸다. 하지
만 우리는 몇 년 동안 열심히 공부해서 의학과 법학 학

위를 취득했다. 우리는 어떻게 미래의 더 큰 보상을 위해 당장의 만족을 뒤로 미룰 수 있었을까?

만족지연 능력을 가르쳐라

만족지연(delayed gratification : 월터 미셸 박사는 '마시멜로 실험'으로 놀라운 사실을 발견했다. 그는 실험에 참가한 네 살배기 아이들에게 달콤한 마시멜로 과자를 하나씩 나누어주며 15분 간 그것을 먹지 않고 참으면, 상으로 1개를 더 주겠다는 제안을 한다. 실험에 참가한 아이들의 1/3은 15분을 참지 못한 채 마시멜로를 먹어치웠고, 나머지는 끝까지 기다려 그 보상을 받았다. 그런데 정작 놀라운 사실은 그로부터 14년 후에 밝혀졌다. 당시 마시멜로의 유혹을 참아낸 아이들은 스트레스에 효과적으로 대처할 줄 알고, 사회성이 뛰어난 청소년들로 성장해 있었다. 반면, 눈앞의 마시멜로를 먹어치운 아이들은 쉽게 짜증을 내고 사소한 일로도 싸운다는 것이다. 즉, 만족지연 능력이 아이의 미래에 얼마나 큰 영향을 미치는지 알 수 있다. - 옮긴이)과 보상을 존중하는 태도를 가르치는 일은 부모로부터 시작된다. 우리에게는 오랫동안 열심히 끈기 있게 일하는 것이 시간과 노력을 들일만큼 충분한 가치가 있음을 몸소 보여준 부모님이 있었다. 우리 부모님은 오랜 시간에 걸쳐 얻은 보상이 짧은 시간에 이룩한 것보다 훨씬 만족스럽다고 믿고 있었다.

아버지가 미국으로의 이민을 결정한 이야기는 만족지연의 가치를 소중히 여기는 이유를 보여주는 가장 적절한 사례일 것이다. 아버지는 서울에서 160km 정도 떨어신 곳의 가난한 마을에서 자랐다. 아버지를 포함해 5남매였으며, 집안 형편은 넉넉한 편이 아니었다. 고기는 할아버지의 밥상에만 오르는 사치품 같은 것이었다. 할아버지는 아버지에게 부자가 될 수 있는 방법은 다른 아이들보다 공부를 뛰어나게 잘하는 것밖에 없다고 항상 말씀했다고 한다.

아버지는 할아버지의 말씀을 마음속 깊이 새겨두었다. 아버지는 경제적으로도 더욱 넉넉해지고 고기도 많이 먹을 수 있으리라는 꿈을 간직한 채 중학교와 고등학교를 우수한 성적으로 졸업했다. 그 때 미래에 대한 아버지의 설렘은 말로 표현할 수 없었다고 한다. 아버지는 조심스럽게 자신이 좋아하는 분야인 수학과 컴퓨터공학 교수가 되기 위한 계획을 세웠다. 아버지는 대학에서 아주 좋은 성적을 거둔 후, 마침내 서던캘리포니아 대학교(University of Southern California)에서 컴퓨터공학 석사 과정을 밟을 수 있는 드문 기회를 잡을 수 있었다. 즉, 지금의 아버지를 있게 한 힘은 미래에 대한 확고한 신념을 바탕으로 한 만족지연 능력임을 부정할 수 없다.

열심히 노력하고 부지런히 일해서 얻은 보상은 짧은 기간에 성취한 것보다 더욱 만족스럽다는 것을 명심해라. 항상 이 원칙에 따라 당신의 생활을 이끌어가면서 자녀들의 좋은 본보기가 돼라.

최고의 보상은 쉽게 얻을 수 없다는 것을 몸소 보여주는 것 말고도, 부모님은 우리들에게 경험을 바탕으로 한 조언을 해주었다. "언제나 네가 최종적으로 얻게 될 결과를 마음속에 그려라." 물론 그들은 2분(때로는 몇 개월이나 몇 년) 이상 보상을 기다리는 게 아이들에게는 힘든 일이라는 것을 알고 있었다. 부모님은 인생의 끝에 얻게 될 기쁨과 성취를 적극적으로 강조함으로써 우리에게 목표에 도달할 수 있는 강력한 동기를 부여하고자 했던 것이다.

특히 어머니는 아버지나 우리들과는 달리 중년의 나이가 넘도록 직업적인 목표를 이루지 못했다. 어머니는 딸들에게 최대한 학업 목표를 이룰 수 있는 기회를 주기 위해 자신의 희망을 뒤로 미룬 것이다. 그러나 어머니는 충실한 교육자의 역할을 해내면서도 컴퓨터 프로그래머가 되려는 꿈을 포기하지 않았다. 어머니는 밤마다 우리들에게 종교적인 가르침을 전해주었으며, 주말에도 거기에 몇 시간씩 할애했다. 그 시간들은 바로 컴퓨터 프로그래머가 되기 위해 써야 하는 자신만의 시간이었음에도 불구하고 말이다! 하지만 어머니는 그 점을 힘들어하지도, 자신의 꿈을 뒤로 미루는 것에 대해 자식들이 미안하게 느끼도록 하지도 않았다. 어머니는 당신의 미래와 앞으로 있을지도 모를 모든 보상을 마음속에 그리는 것으로 만족했을까?

우리는 이제 더 큰 행복을 위해 개인의 소망을 희생한다는 것이 얼마나 어려운 일인지 알고 있다. 그런데 어머니는 마음속에 아무런 서운함도 담아두지 않고 항상 미소를 머금은 채 그렇게 살아 온 것이다. 어머니는 언젠가는 딸들의 졸업식이 아니라 자신의 졸업식에 참석하고 싶다는 희망, 또한 성공한 두 딸들에 대한 희망을 한 번도 포기한 적이 없었다. 가정 형편이 어려울 때면 어머니는 학위를 받기 위해 단상으로 올라가거나 보다 자신 있게 면접 장소로 향하는 자신의 모습을 떠올리며 스스로를 위로했다.

수가 대학 생활을 시작하자, 어머니는 예전에 중단했던 학업을 다시 시작해 드디어 컴퓨터공학 학위를 취득했다. 우리 가족은 어머니가 학사모와 가운을 입고 단상으로 걸어 올라가던 모습을 자랑스럽고 감사하는 마음으로 지켜보았다. 어머니는 물론 우등 생 명단에 포함되어 있었다.

아이들에게 미래의 성공이 가져다 줄 기쁨과 만족을 마음속에 품도록 해라. 그리고 그들이 장기 교육목표를 성취할 수 있도록 도와주어라.

만족지연에도 함정이 있다!

자녀들이 오랫동안 지속되는 학습을 견딜 수 있을지 의심스럽 다면, 다른 방법을 써 볼 필요가 있다. 그것은 단순히 이상적인 역할 모델을 찾아줌으로써 아이들에게 만족지연을 가르치는 것 보다 더 효과적일 수 있다. 다행히 우리는 몇 가지 좋은 방법을 알고 있으며, 그것들은 현실적이면서도 실행에 옮기기도 쉽다.

누군가가 당신에게 두 가지 시나리오 중 하나를 선택하라고 했 다고 하자. 첫 번째 시나리오는 당신이 10년 동안의 경계가 삼엄 한 교도소생활을 마친 후, 사랑과 명예, 친구, 가족, 부로 가득 찬 즐겁고 화려한 삶을 사는 것이다. 두 번째 시나리오는 평생 동안 편안하고 만족스러운 삶(하지만 첫 번째 시나리오처럼 화려하지는 않다)을 사는 것이다. 대부분은 아마도 두 번째 시나리오를 선택할 것이다.

실제로 우리 친구와 가족들은 대부분 두 번째 시나리오를 선택했다. 그럴 수 밖에 없는 결정적 이유는 첫 번째 시나리오에는 약속된 행복이 있지만 그 이전에 겪어야 할 희생과 고통이 너무 가혹하기 때문이다. 즉, 당신의 미래에 아무리 많은 것이 보장된다 하더라도 그토록 고통스러운 과정을 감수할 정도로 가치 있는 만족지연이란 없음을 의미한다. 그렇기 때문에 당신은 자신의 목표달성을 뒤로 미루는 한이 있더라도 지금 당장의 기쁨을 즐기려는 경향이 있다.

장기 교육목표를 달성하는 과정에서, 부모님은 우리에게 즉각적인 만족을 경험할 수 있는 몇 번의 기회를 준 적이 있다. 우리는 오랫동안 SAT를 준비하는 데 주말을 온통 바치곤 했다. 날마다 참고서와 문제집을 검토하면서 의문점을 세밀하게 분석하는 것은 정말 진절머리 나는 일이지 않는가? 우리 부모님은 딸들이 즐거운 일이나 재미있는 일이 없으면 오랫동안 공부할 수 없다는 것을 알았던 모양이다. 우리는 75분 동안 공부한 후에는 탁구나 배드민턴을 하며 15분간 쉴 수 있었다. 또 열심히 공부한 주말이 끝날 무렵이면, 부모님은 항상 우리를 쇼핑몰이나 극장, 레스토랑(돈이 부족할 때면 피자를 주문했다)에 데려 가는 방법으로 우리의 노력을 보상해 주었다.

부모님은 우리에게 '작은 보상'을 함으로써 최종 목표에 도달할 수 있는 기회를 제공한 셈이다. 아이들은 어디까지나 아이들이다. 두 살 된 아이에게 영화관에서 두 시간 동안 조용히 앉아 있기를 기대할 수는 없는 것처럼, 자녀들이 아무런 보상도 없이 무지개 너머에 있는 황금 단지를 마음속에 품길 바라지 마라. 그들이 몇 년 동안 아무런 보상 없이도 열심히 공부할 수 있기를 기대해서는 안 된다.

목표에 도달하는 동안 재미있게 놀게 해라! 아이들이 학업적인 성공에 이르는 동안 지나치게 가혹한 희생을 강요하지 마라. 가끔은 그들에게 즉각적인 만족을 주는 놀이를 할 수 있도록 해라.

물론 당신의 자녀에게 즉각적인 만족을 주기도 하면서 최종적으로 교육적인 성공을 극대화할 수 있도록 도와주는 것도 필요하다. 하지만 진정한 성취는 손쉽게 이루어지지 않는다는 점을 명심해야 한다. 즉 일상생활에서는 즉각적인 보상을 받는 경우가 많다 할지라도 학업적인 성취는 그렇지 않다는 점을 가르쳐줘라.

아이에게 사탕을 사주는 법

당신의 자녀에게 만족지연 능력을 가르치는 일이 그렇게 쉬운 일은 아니다. 때문에 생활 속에서 일어나는 다른 일들처럼, 일찍 시작하는 편이 더 유리하다. 성인이 하나의 외국어를 배우기 위해 애쓰는 동안 어린 아이는 3~4개의 외국어를 쉽게 배우지 않는가? 마찬가지로 나쁜 습관에 길들여진 열 살 넘은 아이보다 세

살짜리에게 만족지연 능력을 가르치는 것이 더 쉽다.

자녀에게 만족지연 능력을 가르치려면 여러 단계를 거쳐야 한다. 예를 들어, 물건 값을 계산하기 위해 채소 가게에서 줄 서 있을 때 아이가 사탕을 사달라고 조르면 당신은 어떻게 하는가? 대부분 부모들은 아이가 점점 큰 목소리로 조르면 어쩔 수 없이 사탕을 사주고 만다. 이는 당신과 당신의 부모님이 모두 한 번쯤은 겪었음직한 일이다. 우리도 어느 누구 못지않게 사탕을 좋아했으며, 계산하기 위해 줄 서 있으면서 스니커즈 초콜릿이나 막대 사탕을 몰래 쇼핑카트에 넣으려 하곤 했다.

그러나 우리가 사탕을 사달라고 졸랐을 때, 아무런 제지도 받지 않고 사탕을 얻은 적은 없었다. 어머니는 항상 우리보다 한 수 위였으며, 쇼핑을 하면서 우리에게 만족지연의 소중함을 가르쳤다. 우리가 계산하기 위해 늘어선 줄에 도착하는 순간 그리고 조르기도 전에, 어머니는 우리들 쪽으로 돌아섰다. 그리고 웃으면서 "내게 아주 좋은 생각이 있단다. 이번 주에 도서관에서 새로운 책을 빌려와 읽으면 너희들에게 막대 사탕을 사 줄게"라고 먼저 제안하곤 했다. 그러면서 다음번에 갖고 싶은 막대 사탕이 어떤 것인지 집어보라고 했다. 울거나 보챈다고 해서 조금이라도 빨리 사탕을 손에 쥔 적은 한 번도 없었다. 우리는 항상 주어진 과제를 완수하는 데 골몰했으며, 그렇게 해야만 상으로 받은 사탕을 먹을 수 있었다. 어쨌든 우리는 한 달에 한 번밖에 사탕을 먹지 못했다. 하지만 우리는 그것을 불평하지는 않았다. 책을 읽으면서 군침이 도는 사탕을 상상하는 것만으로도 충분히 행복했으니까. 어머니는 우리들에게 만족지연은 물론이고, 그 이상의 학습적 효과와 더 큰 만족을 이끌어내는 방법을 가르쳐 준 셈이다.

당신의 자녀에게 큰 보상을 무작정 기다리라고 말하지 마라. 그보다는 인내가 궁극적으로 커다란 보상을 가져다준다는 것을 직접 보여줘라. 제인은 어려서부터 손톱에 여러 가지 매니큐어를 칠하기 좋아했다. 어머니는 이따금씩 제인이 원하는 대로 아주 정성껏 매니큐어를 칠해주곤 했다. 그러나 제인은 매니큐어가 마를 때까지 그대로 앉아 있지 못하고 손톱을 엉망으로 만들어버렸다. 그러고 나서 제인은 어머니에게 손톱을 다시 칠해달라고 졸랐다. 어머니는 상냥한 편이었지만 단호한 말투로 제인을 다그쳤다. "아마도 다음에는 다 마를 때까지 기다리는 법을 배울 수 있을 거야"라고 말하곤 했다. 제인은 결국 다음번에 손톱이 다 마를 때까지 기다렸다. 여섯 살이라는 어린 나이에 자신에게 주어진 시간 중에서 10분을 인내함으로써 몇 주일 동안 자기 손톱을 아름답게 유지할 수 있다는 것을 배운 셈이다. 이처럼 손톱에 매니큐어를 칠하는 사소한 일일지라도 만족지연을 가르칠 수 있다.

부모님은 우리가 대학생이 된 후에도 이런 방법을 종종 이용하였다. 수가 존스홉킨스 대학에 진학한 이후의 일이다. 그곳의 학생들은 대부분 차를 가지고 다녔다. 1학년을 끝마친 후, 수는 부모님에게 차를 사달라고 조르기 시작했다. 경제적으로 여유가 없다는 것을 알고 있었지만, 어쨌든 차를 갖고 싶었던 그녀는 몇 천 달러만 주면 중고라도 쓸 만하다며 사줄 수 있는지 물었다.

물론 우리 부모님은 수에게 굴복해 선뜻 차를 사 줄 분이 아니었다. 항상 주의를 기울여 기회를 노리던 아버지는 '윈-윈 상황 (win-win situations)'을 만들기 위해 수가 의대 입학 허가를 받으면 신형 차를 사주겠노라고 했다. 그 말을 듣고 처음에 수는 실망했지만 다음 2년 동안 꾸준히 우수한 성적을 유지했다. 결국 수는 의대 입학 허가서를 받은 2주일 후, 도요타의 신형 자동차인 푸른색 테셀의 키를 손에 쥘 수 있었다. 수는 그 차를 하나의 물질적 소유물 이상으로 좋아했으며, 왁스를 칠하고 자주 세차를 하곤 했다. 몇 년 후 차가 파손되어 견인할 수밖에 없었을 때는 아이처럼 울기까지 했다. 여기서 말하고 싶은 것은 차를 얻기 위해 열심히 노력했기 때문에, 그것은 수에게 단순히 차 이상의 의미를 가졌다는 점이다. 즉, 당신의 자녀가 교육 목표를 달성하기 위해 열심히 오랫동안 노력할수록 그것을 성취했을 때 느끼는 만족과 행복은 더욱 커진다.

아이들도 이해할 수 있는 현실적인 시나리오로 만족지연의 가치를 가르쳐라.

때로는 여름휴가를 포기해야 한다

그러나 아이들에게 만족지연을 위한 희생과 그에 대해 감사하는 마음을 무조건 강요하지 마라. 그보다는 그들의 장기 교육목표를 달성하기 위해 어떻게 할지 결정하는 과정에 그들을 참여시켜라. 자신의 의견이 중요하다고 생각하는 아이는 그렇지 못한 아이보다 훨씬 행복하다.

수는 온 가족이 감당했던 한 번의 희생을 아직까지 생생히 기억하고 있다. 수가 7학년에서 8학년으로 넘어가던 해 여름, 우리 가족은 디즈니랜드에 가기로 했었다. 부모님은 잠시 휴가를 내기 위해 바쁜 나날을 보내며, 머지않아 즐겁게 여행할 수 있으리라 생각했다. 하지만 여행을 세 달 앞두고, 재능 있는 중학생들을 대상으로 하는 3주 과정의 듀크 대학 TIP(Talent Identification Program)에 등록할 수 있는 기회가 수에게 주어졌다. 수는 이제 겨우 7학년이었지만 SAT의 수학과목에서 620점을 받았을 정도로 수학에 재능이 있었다. TIP은 수학이나 과학 또는 컴퓨터를 깊이 있게 배울 수 있는 절호의 기회였다. 학교에서 수학 심화반 수업을 듣던 수는 거기에 꼭 참가하고 싶었다. 부모님도 수가 그곳에서 많은 것을 경험하길 원했지만 문제는 비용이 거의 2천 달러 가까이 든다는 점이었다. 그때 우리에게 2천 달러는 큰 돈이었다.

아버지는 이 문제를 해결하기 위해 가족회의를 소집했다. 아버지는 항상 가족회의가 일종의 공개 토론장이나 모의 법정 같은 것이 되기를 원했다. 그날도 어김없이 법정을 주재하는 판사처럼 아버지는 우리에게 가족의 딜레마를 설명했다. 이것은 수를 듀크 대학에 보내거나 아니면 온 가족이 디즈니랜드에 갈 수 있다는 것을 의미했다. 모든 가족 구성원들이 투표하겠지만, 결과가 2:2 동률이 될 경우에는 아버지(재판관으로서 면모를 유감없이 발휘할 때다!)가 최종 결정을 내릴 것이다.

의견 발표는 항상 가장 어린 제인부터 시작되었다. 제인은 그때 겨우 4학년이었으며, 디즈니랜드 가는 날을 기다린 지 꼬박 1년이 넘었다. 수가 기뻐하는 모습을 보고 싶기도 했지만 결국 제인은 디즈니랜드 가는 것에 찬성했다. 다음 차례는 수였으며, 그녀 역시 제인과 같은 선택을 했다. 물론 캠프에 참가하고 싶은 마음도 굴뚝같았지만, 수는 자기 때문에 온 가족이 휴가 계획을 포기하도록 만들 수는 없었다.

어머니는 수가 캠프에 참가하고 가족은 보다 저렴한 비용으로 휴가를 보내는 쪽을 선택했다. 어머니의 투표가 끝나자, 온 가족의 시선은 아버지로 향했다. 투표 결과는 동률일 것이 뻔했고, 아버지의 최종 결정도 이미 정해진 셈이었다. 자신의 의견이 묵살되었다고 느낀 제인은 놀이기구를 타면서 솜사탕을 먹는 장면을 떠올리며 눈물을 글썽이기 시작했다.

결국 부모님은 큰 딸 수를 캠프에 보내기 위해 오래전부터 기다려온 10일 간의 가족 휴가를 포기했다. 가족들은 합리적으로 그런 결정을 내렸으며, 수에게 훌륭한 교육의 기회를 주게 된 것을 기뻐했다. 물론 우리들은 온 가족이 훌륭한 휴가를 보낸다는 것의 가치도 잊지 않았다. 수가 3주 간의 캠프를 마치고 돌아오자 우리 가족은 작은 놀이공원에 갔으며, 그곳에서 제인은 솜사탕과 핫도그를 온 얼굴에 묻히며 즐거워했다. 그해 여름이 지나고 우리 가족은 며칠 동안 짬을 내어 집에서 그리 멀지 않은 머틀 비치 *Myrtle Beach* 로 휴가를 떠났다. 우리는 모래사장과 바다에서 놀면서 피부를 구리빛으로 그을렸으며, 평상시에 거의 먹을 수 없었던 온갖 정크 푸드(열량은 높지만 영양가는 낮은 패스트푸드와 인스턴트식품 – 옮긴이)를 먹고 즐거워했다. 지금도 수는 3주 동안 듀크 대학에서 재미있게 배우고 놀았던 기억을 떠올리며, 온 가족이 감수한 희생과 가족들의 통찰력에 감사의 눈물을 글썽이곤 한다. 의사결정 과정에 참여함으로써 수는 자신의 교육이 온 가족에게 얼마나 중요한 것인지 깨달았고, 자신의 지적 성장을 위해 더욱 노력하는 계기로 삼았다.

아이들의 장기 교육목표를 위해 무엇을 희생할지 결정할 때 당신의 아이들을 참여시켜라.

미래를 위해 당신도 만족지연 능력을 갖춰라

장기 목표를 달성하기 위한 핵심은 언제나 큰 그림을 먼저 그리고, 목표를 이루는 과정에서 감당해야 할 여러 작은 희생들을 기꺼이 즐기는 데 있다. 우리 부모님은 미국으로 건너와 처음에 원룸 아파트에서 생활했고, 얼마 지나지 않아 세 식구가 되자 아파트는 너무 비좁았다(수는 부모님이 미국에 온 직후에 태어났다). 그런 어려운 상황에서도 부모님은 열심히 일했다. 그 후 아버지가 노던 텔레콤*Northern Telecom*(현재의 노텔 네트워크스*Nortel Networks*)에서 일하게 되어 몬트리올로 이사했다. 그곳에서도 비슷한 크기의 작은 아파트에서 생활했는데, 네 명의 가족이 생활하기에는 역시 턱없이 좁은 곳이었다. 어쨌든 우리 부모님은 그 곳에서도 열심히 일했다. 부모님의 동료 중에는 물질적인 것에 더 많은 돈을 지출하는 사람들이 많았지만, 우리 부모님은 한 푼 이라도 아끼고 쿠폰을 잘라 쓰면서 검소하게 생활했다. 부모님 과 비슷한 연령대의 많은 어른들은 디너파티와 사교 모임에 참석 하면서 정작 자신의 아이는 베이비시터에게 맡기곤 했다. 그에 비해 우리 부모님은 자식들과 함께 집에 머물면서, 일상생활에서 이뤄지는 학습의 중요성과 즐거움을 가르쳐 주었다.

부모님은 크든 작든 간에 최고의 교육을 받기 위해서는 어떤 희생도 충분히 가치가 있다고 생각했다. 말로만 듣던 미국이라 는 나라에서 석사 학위를 받기 위해 아버지가 기꺼이 친구와 가 족을 고국에 남겨두고 떠나왔듯이, 자녀를 가르치는 과정에서 겪 게 되는 시련을 '영광의 상처'로 생각했다.

이처럼 만족지연을 위한 희생은 우리 가족에게 불변의 원칙이 었다. 부모님은 TV를 보거나 휴식을 취하는 대신 우리가 숙제하 는 것을 도와주면서 한 번도 불평하지 않았다. 부모님은 우리를 다양한 학교 활동에 보내기 위해 자신들의 계획을 취소해야 할 경우에도 얼굴을 찡그린 적이 한 번도 없었다.

물론 부모님도 유명 디자이너의 옷이나 사치스러운 휴가를 즐 기기로 했다면 충분히 그럴 수 있었다. 그렇지만 부모님은 교양 있고 정서적으로 안정감 있으며 독립심이 강한 두 아이를 키우는 일에서 더 큰 만족감과 행복을 느꼈던 것 같다. 즐거운 마음으로 부모의 역할을 받아들였으며, 우리를 키우는 동안 수많은 역경과 희생을 감수했다. 이제 부모님의 생활 방식도 많이 달라져 여행이나 근사한 레스토랑에서의 식사도 즐기곤 한다. 또 일주일에 두 번은 골프장에서 시간을 보낸다. 그러나 부모님은 여전히 가족과 함께 도서관에서 보냈던 수많은 토요일 오후를 기억하며 즐거워한다.

당신이 바뀌어야
아이가 바뀐다

1. 열심히 노력하고 부지런히 일해서 얻은 보상은 짧은 기간에 성취한 것보다 더욱 만족스럽다는 것을 명심해라. 항상 이 원칙에 따라 당신의 생활을 이끌어가면서 자녀들의 좋은 본보기가 돼라.

2. 아이들에게 미래의 성공이 가져다 줄 기쁨과 만족을 마음 속에 품도록 해라. 그리고 그들이 장기적인 교육 목표를 성취할 수 있도록 도와주어라.

3. 목표에 도달하는 동안 재미있게 놀게 해라! 아이들이 학업적인 성공에 이르는 동안 지나치게 가혹한 희생을 강요하지 마라. 가끔은 그들에게 즉각적인 만족을 주는 놀이를 할 수 있도록 해라.

4. 아이들도 이해할 수 있는 현실적인 시나리오로 만족지연의 가치를 가르쳐라.

5. 아이들의 장기 교육목표를 위해 무엇을 희생할지 결정할 때 당신의 아이들을 참여시켜라.

아이들은 가끔
자신이 학생임을 잊고 산다

아는 것만으로 충분하지 않다. 이를 적용해야 한다.
의지만으로 충분하지 않다. 이를 실천해야 한다. — 괴테

우리는 모두 교사나 의사, 변호사, 배관공, 주부와 같이 일정한
역할을 맡고 있다. 만약 변호사의 숫자는 많은데 청소
부들이 턱없이 모자란다고 가정해봐라. 또 모든 사람
들이 의사가 되기를 원하면서 정작 건축가를 꿈꾸는
사람이 한 명도 없다면 어떻게 되겠는가?

지역사회가 구성원들에게 다양한 역할과 직분을 충
실히 수행하도록 요구하는 것처럼, 가족 또한 모든
'일'이 잘 풀리기 위해서는 그 구성원들이 각자의 역
할을 잘 수행해야 한다. 다행히도 요즘에는 역할에 대
한 남녀의 구분이 예전처럼 엄격하지 않다. 여자들은
반드시 가정주부가 되지 않아도 되며, 남자들도 가장
으로서 경제력을 무조건 책임져야만 하는 것도 아니
다. 마찬가지로 아이를 키우는 것도 과거에는 전적으

로 여자들의 몫이었지만, 요즘에는 부부가 공평하게 분담하는 추세이다.

그런데 가정에서 아이들의 역할은 그다지 변하지 않았다. 모든 부모들은 자녀가 행복하고 건강하게 자라면서 책임질 줄 아는 아이가 되기를 바랄 뿐이다. 그럼에도 오늘날의 아이들은 전보다 많은 일을 하고 있다. 가정에서 허드렛일을 하며 부모들을 도와주거나, 운동이나 악기 다루는 법을 배우고, 다양한 과외 활동에 참여하기도 한다. 또 오늘날 아이들은 인터넷, 케이블 TV 등과 같은 것에 과도하게 노출되어 주의가 산만해졌다. 이것들이 학교 성적이나 교육에 좋지 않은 영향을 미치는 것은 당연하다.

아인슈타인은 오후 3시 이후에 무엇을 했을까?

대부분의 비동양계 아이들은 교실에서 선생님의 감시를 받아가며 마지못해 학생의 역할을 한다. 하지만 학교 수업이 끝난 후에는 다른 일을 하면서, 책과 따분한 일에서 벗어날 수 있기를 바란다. 그래서 비동양계 아이들은 수업이 끝났음을 알리는 종소리를 지긋지긋한 감옥에서 벗어나는 자유의 소리로 생각한다.

대다수 비동양계 아이들은 학교에서의 역할과 집에서의 역할이 아주 다르다고 생각한다. 이런 아이들은 학교에 있는 동안에는 공부를 하지만, 집에서는 긴장을 풀고 지내도 좋다고 생각하며 학생으로서의 역할을 잊어버린다. 그 아이들은 학생의 역할이 학교에 있을 때는 물론이고 방과 후에도 계속된다고 배우지 않았기 때문이다. 하지만 대다수의 동양계 아이들은 집에 돌아와도 학생으로서 역할을 잊어버리지 않는다. 그들의 어머니와 아버지는 낮에 하는 역할에 상관없이 저녁에는 당연히 '선생님'으로서 새로운 역할을 맡는다.

우리가 알고 있는 위대한 사상가나 발명가, 또는 과학자 중에 최소한 자기 할 일만 하면서 성공한 사람은 아무도 없다. 아인슈타인이 학교에서만 공부하면서 자신의 꿈을 소극적으로 좇았다면, 오늘날 그의 이름을 기억하는 사람이 과연 몇이나 되겠는가? 아인슈타인이 매일 오후 3시 이후 또는 주말마다 머리를 쓰지 않고 아무 생각 없이 놀기만 했다고 하자. 그렇다면 아인슈타인은 그저 그런 평범한 과학자에 지나지 않았을 것이다.

동양계 부모들은 자녀가 학생의 역할을 효과적으로 받아들일 수 있도록 여러 가지 일을 한다. 우선 자녀들이 학교 밖에서 보내는 시간을 엄격하게 관리한다. 둘째, 아이들이 학교 수업을 끝마치고 집에 오면 그들의 '선생님' 역할을 기꺼이 맡는다. 셋째, 아이들에게 학생이 되는 것 자체가 재미있는 보상이라고 가르친다. 마지막으로 가장 중요한 것은 선생님을 존경하면서 절대로 그들의 명예를 손상시키지 않는다.

매일 저녁 적어도 한 시간은 자녀와 함께 숙제를 하면서 보내라.

동양계 부모들은 비동양계 부모들보다 집 안팎에서 자녀에게 훨씬 많은 관심을 기울인다. 우리의 동양계 친구들 중에는 방과 후의 시간이 우리보다 더 엄격했던 아이들이 많았다. 그들은 오후에 친구들과 함께 쇼핑하거나 놀면서 시간을 허비한 적이 거의 없었다. 학교 숙제를 마치면 우리는 곧바로 부모님에게 가서 학교 수업과 관련된 활동 이외에 무엇을 해야 할지 물어봐야 했다. 그 결과 우리는 아주 자연스럽게 방과 후 집에서 하는 학습도 중요하다고 생각하게 되었다.

부모님이 우리의 방과 후 시간을 잘 관리했기 때문에, 우리는 일상적인 일들을 모두 예측할 수 있었다. 학교 수업이 끝난 후 집에 오면, 우리는 간식을 먹으며 학교생활에 대해 어머니와 이야기하곤 했다. 그리고 날씨가 좋은 날이면 밖으로 나가 배드민턴을 치거나 소프트볼을 했다. 그런 후에 어머니와 우리는 식탁에 앉아서 앞으로 있을 시험이나 숙제에 대해서 논의하기도 했다.

물론 우리는 저녁 이후에도 한두 시간정도 공부를 계속했다. 이때는 의무적으로 해야 하는 숙제보다 자유로운 주제를 다뤘다. 예를 들면 여름방학 독서목록을 미리 작성하거나 숙제의 범위에서 벗어난다고 생각되는 개념들을 배우려고 했다. 또 부모님은 우리의 숙제를 검사하기 좋아했으며, 그런 다음에는 5~10분 동안 깊이 있는 질문을 던졌다. 그리고 시험 전날에 부모님은 우리에게 퀴즈를 내서 시험 준비를 얼마나 잘하고 있는지 점검했다. 결국 우리는 학교 선생님과 '가정의 선생님' 사이에서 하루 스물네 시간을 배웠던 셈이다.

당신의 자녀가 방과 후에 보내는 시간을 세심하게 관리해라. 엄격하지만 즐겁게 실천할 수 있는 학습 계획을 세워 자녀에게 학생으로서의 역할을 끊임없이 상기시켜라.

선생님으로부터 도움을 받아라

다음과 같은 말이 이상하게 들릴 수도 있겠지만, 자녀의 학교 선생님과 좋은 관계를 유지해라. 그 아이가 학생으로서 성공할 수 있는 중간 단계를 설정하는 데 큰 도움이 되기 때문이다. 특히 집중력이 떨어지는 아이들의 경우에는 끊임없는 자극이 필요한데, 어떤 교육법이 당신의 자녀에게 효과적인지 자녀의 선생님과 상담해라. 그렇게 하면 집에서 직접 아이들을 가르칠 때 발생하는 불필요한 시행착오와 시간낭비를 줄일 수 있다. 결코 새로운 교육 방법을 만들어 내려고 애쓰지 마라! 그럴 시간이 당신에게는 없다. 선생님이 아이들에게 이용하는 방법을 배워라. 선생님이 바로 수년 동안 그들의 마음을 연구하며 보낸 전문가가 아닌가?

> 방과 후 선생님의 역할을 적극적으로 함으로써 자녀가 집에서도 학생의 역할을 잊지 않도록 해라. 그리고 자녀에게 가장 효과적이며 적합한 학습법은 무엇인지 학교 선생님으로부터 배워라.

물론 아이들은 학교와 가정에서 학생의 역할을 계속해야 한다는 것을 극도로 싫어한다. 때문에 아이들에게 학습보다 더 좋은 일은 없다고 믿도록 만드는 것이 중요하다. 아이들이 학생의 역할이 재미있고 그에 따른 보상이 있음을 알게 된다면 학생과 지식 탐구자의 역할을 기꺼이 받아들일 것이다. 물론 이것은 교실에서 시작되어야 한다. 학교 선생님은 시간을 내서라도 자신이 가르치는 학생들을 개인적으로 알려고 하며, 자신이 맡은 교실을 활기찬 곳으로 만들기 위해 노력해야 한다. 그럼으로써 학생의 역할은 탐낼 만한 특권이라는 생각을 아이들에게 보다 효과적으로 심어줄 수 있다. 훌륭한 선생님은 자유로운 대화와 생각을 북돋으면서, 따분한 과제의 함정에서 벗어나 흥미로운 수업을 진행할 수 있다.

처음으로 제인에게 지워지지 않는 강한 인상을 남긴 사람은 1학년 때의 누난 선생님이었다. 그녀는 항상 부드러운 말투로 학생들을 가르쳤지만 그들에게 지식을 전달하고자 하는 열정만큼은 남달랐다. 누난 선생님은 마치 노련한 정치가처럼 자신의 학생들에 대해서 잘 알고 있었다. 그녀는 1학년 아이들이 집중력이 부족하고 안절부절못하는 경향이 있으며 쉽게 지루해 한다는 점을 알고 있었다. 그녀는 항상 학생의 적극적인 참여를 강조했다. 그래서 한 번에 5분 이상 강의한 적이 없었으며, 가벼운 풍자와 가상게임, 질의응답 시간과 같은 것을 이용해 수업을 진행했다.

제인은 다른 민족과 그 문화에 대해 학습했던 시간을 아직도 생생히 기억하고 있다. 5명의 학생으로 구성된 각각의 팀은 한 민족을 선택한 다음 그들의 고유한 음식과 언어, 풍습을 연구하고 전체 학급과 함께 공유해야 했다. 이 수업에 대한 아이들의 열정은 대단해서, 누난 선생님은 학년말에 부모님께 그 공연을 보여주기로 결정했다. 공연이 진행되는 동안에는 토속 음식도 맛보고, 새로운 언어도 배울 수 있었다. 두말할 필요도 없이 그 학급은 공연이 끝날 무렵 기립 박수를 받았다.

누난 선생님처럼 위대한 교사는 평범한 과제물을 재미있고 유익한 지식으로 바꿀 수 있듯이, 위대한 부모님(방과 후 선생님 역할을 자처한)도 똑같이 할 수 있다. 부모님은 우리들에게 매일 밤 즐거운 시간을 선사하기 위해 최선을 다했다. 어려운 개념을 억지로 머릿속에 우겨넣으려 하기보다는 창의적이고 재치있는 방법으로 우리의 마음을 사로잡았다.

부모와 학교 선생님은 아이들에게 학생이 된다는 것이 매우 흥미로운 일임을 인식시키는 절친한 '동료' 임을 잊지 마라. 정기적으로 선생님과 만나 아이들이 학생의 역할을 즐겁게 받아들이도록 만드는 방법을 함께 의논해라. 우리 부모님은 정기적으로 선생님과 만나서 그런 방법들을 조금씩 배워나갔다. 선생님이 학교에서 효과적으로 이용한 학습법을 부모들이 집에서 활용한다고 해서 이상할 것은 없지 않은가? 물론 반대로 선생님이 학부모로부터 새롭고 효과적인 학습법을 배울 수도 있다.

당신의 자녀에게 학생이 된다는 것은 귀중한 보상이고 즐거운 일이라고 가르쳐라.

선생님을 적으로 만들지 마라

가르치는 사람이 선생으로서 자기 역할을 존중할 때, 아이들도 배우는 학생으로서 자신의 역할을 존중하게 된다. 같은 맥락에서 당신이 아이의 선생님을 비효율적이며 형편없다고 여긴다면, 아이 역시 선생님의 제자로서 학생의 역할을 제대로 하려 하지 않는다. 오늘날 미국의 교사들은 어느 때보다 학부모의 존경을 잃고 있다. 2005년 2월 21일 〈타임 Time〉지에 실린 기사를 보면,

새로 부임한 교사의 73%가 부모들이 학교와 교사를 적으로 간주하고 있는 것처럼 느낀다고 한다. 당신이 아이의 선생님과 생각이 다르다면, 그들은 교실과 집에서 배우는 학습의 중요성과 학생으로서의 특권을 혼란스러워 할 수 있다.

앞에서도 언급한 바와 같이, 제인은 고등학교 시절 과학 수업에서 어려움을 겪곤 했다. 제인이 생물학에서 평균에 못미치는 성적을 가지고 왔을 때, 부모님은 그녀를 가르치는 체이큰 선생님과 과제물에 대한 계획을 세워야겠다고 생각했다. 선생님과 부모님이 만나기 전에, 제인은 자신의 나쁜 성적을 체이큰 선생님 탓으로 돌렸다. 그리고 체이큰 선생님이 학교에서도 점수를 박하게 주는 것으로 악명 높으며 그것을 즐기는 편이라고 말했다. 제인은 또 자신의 성적이 나쁜 것은 체이큰 선생님의 성급한 교육 방식 때문이라고 변명했다. 부모님은 제인의 말을 듣고 체이큰 선생님을 만나기로 했다. 그러나 부모님은 제인의 성적이 나쁜 이유와 진도를 그렇게 빨리 나가는 이유를 선생님에게 따지기 보다는 제인의 성적을 객관적으로 분석할 기회를 드렸다. 그러자 제인의 하소연이 사실과 많이 다르다는 것이 밝혀졌다. 체이큰 선생님은 제인이 수업 시간에 주의가 산만하고 빨리 지루해하는 경향이 있다고 했다. 물론 그는 다뤄야 할 내용이 너무 많아서 진도를 빨리 나갔던 점을 인정했다. 하지만 선생님은 학생들에게 질문할 기회를 충분히 주었고, 수업이 끝난 후에는 일대일 면담도 허락한다고 했다. 제인은 선생님에게 질문하거나 방과 후에 면담을 요청하여 어려운 개념들을 이해하려는 노력을 전혀

하지 않았던 것이다.

부모님은 선생님과 면담한 후 제인에게 그 내용을 상세히 설명했다. 그때서야 제인은 생물학에 흥미가 없음을 인정했으며, 수업시간에 제대로 집중할 수 없다고 어려움을 토로했다. 결국 제인이 생물학에 무관심했기 때문에 성적이 떨어졌던 것이다.

양쪽의 입장을 충분히 이해한 부모님은 체이큰 선생님과 협력해서 성적을 올리기 위한 계획을 세웠다. 우선 체이큰 선생님은 제인이 이해하지 못한 원리들을 다시 배울 수 있도록 도와주었다. 제인은 일주일에 한 번씩 체이큰 선생님과 방과 후에 만나서 어려운 내용을 다시 질문할 기회를 얻었다. 또 집에서는 그 날의 수업 내용을 복습하고, 수와 부모님에게 개념을 직접 설명하면서 자신이 그것을 완전히 이해했음을 증명해야 했다. 몇 달이 지나자 제인의 시험 성적은 점차 향상되었다.

당신의 자녀를 가르치는 선생님에게 최고의 존경심을 보여줘라. 절대로 그들에게 무례한 행동을 하거나 그들을 적으로 만들어서 학생으로서 발휘할 수 있는 자녀의 능력을 해치지 마라.

당신의 자녀가 학생으로서 역할을 포기하거나 잊지 않도록 주의해라. 무엇을 배운다는 것은 평생 추구해야 할 임무이자 고귀한 특권이다. 물론 자녀에게 학생으로서의 역할을 제대로 받아들이도록 하는 일이 쉽지만은 않다. 오히려 평생 기울여야 할 노력임에 틀림없다. 하지만 일단 그런 소기의 목표를 달성한다면 당신은 자녀에게 가치를 따질 수 없는 선물을 주는 셈이다.

당신이 바뀌어야 아이가 바뀐다

1. 매일 저녁 적어도 한 시간은 자녀와 함께 숙제를 하면서 보내라.

2. 당신의 자녀가 방과 후에 보내는 시간을 세심하게 관리해라. 엄격하지만 즐겁게 실천할 수 있는 학습 계획을 세워 자녀에게 학생으로서의 역할을 끊임없이 상기시켜라.

3. 방과 후 선생님의 역할을 적극적으로 함으로써 자녀가 집에서도 학생의 역할을 잊지 않도록 해라. 그리고 자녀에게 가장 효과적이며 적합한 학습법이 무엇인지 학교 선생님으로부터 배워라.

4. 당신의 자녀에게 학생이 된다는 것은 귀중한 보상이고 즐거운 일이라고 가르쳐라.

5. 당신의 자녀를 가르치는 선생님에게 최고의 존경심을 보여줘라. 절대로 그들에게 무례한 행동을 하거나 그들을 적으로 만들어서 학생으로서 발휘할 수 있는 자녀의 능력을 해치지 마라.

버릇없는 아이는
성공하지 못한다

우선 겸손을 배우려하지 않는 자는 아무것도 배우지 못한다.
— O. 메러디드

미국 아이들에게 자신의 우상으로 생각하는 세 사람을 꼽으라

면 어떤 결과가 나올까? 아마도 소녀들은 제니퍼 로페

즈, 비욘세, 마돈나 등을 떠올릴 테고, 소년들은 마이

클 조던과 피 디디, 콜린 파렐 등을 꼽을 것이다. 미국

의 젊은이들은 '팝 아이콘(대중문화의 상징)'과 영화배

우에게 최고의 존경심을 나타내지만, 고위공직자나

부모, 교사들에 대해서는 그렇지 않을 것이다.

　우리는 케이블 TV 채널을 돌리면서 대중스타의 삶

을 다룬 프로그램들을 종종 보게 된다. 이를 테면 'E!'

나 'Style' 같은 프로그램은 경제적으로 부유하고 유

명한 사람들의 화려한 생활을 보여준다. 물론 우리도

그런 것들을 즐겨 본다. 하지만 TV는 현실을 왜곡하거

나 과장하는 경향이 있다. TV가 현실을 그대로 반영하

지 않는데도 아이들은 TV 속의 모습과 실제 현실이 똑같다고 생각 한다. 그래서 아이들은 점차 TV 속 인물에 대한 환상을 품게 된다.

대학 교육을 받지 못하면 개인적으로나 경제적으로 보상받는 직업을 얻기 힘들다는 어머니 말에 반박하는 아이들을 우리는 종종 볼 수 있다. 그들은 TV에 나오는 제니퍼 로페즈를 가리키면서 "저것 보세요, 엄마. 제니퍼 로페즈는 대학에 가지 않았는데도 저렇게 유명하고 돈도 많이 벌잖아요" 라고 말한다.

하지만 제니퍼 로페즈와 같은 성공 스토리는 극히 드문 사례에 불과하다. 그런 쇼 프로그램은 제니퍼 로페즈처럼 시작한 많은 댄서들이 아주 적은 보수를 받기 위해 일하고, 점점 자신의 삶에 환멸을 느낀다는 사실은 철저히 숨기고 있다. 만약 아이들이 이런 사실을 알고 있다면 대중스타에 대한 환상을 조금이나마 덜 품지 않을까?

아이의 영웅은 누구인가?

대중스타에 대한 맹목적인 동경 때문에 오늘날 어린이들은 건강한 윤리관을 가지고 사회에 헌신하는 이들보다 명예와 부, 행운을 거머쥔 사람들을 우상화하는 경향이 심해지고 있다. 상사로부터 스트레스를 받지도 않고, 영화 한 편당 백만 달러를 벌수 있는데, 무엇 때문에 일 년에 수십 만 달러밖에 못 버는 대통령이 되려고 오랫동안 학교 교육을 받아야 하는가? 열광하는 팬

들 앞에서 노래를 부르고 춤추면서 몇 백만 달러를 벌 수 있는데, 간호사가 되기 위해 몇 년 동안 학교를 다니고 6만 달러를 벌기 위해 12시간씩 맞교대로 일해야 하는 이유가 뭔가? 스타들의 화려한 삶의 풍경들만 왜곡해 보여주는 TV 프로그램들이 가정에 침투해서 아이들의 시간을 빼앗고 있다. 부모들은 자녀에게 우리의 진정한 영웅을 존경하라고 가르치고, 텔레비전의 영향을 줄이기 위해 노력해야 한다. 단순히 공부할 시간을 텔레비전에 빼앗기는 것보다 무의식적으로 주입되는 왜곡된 가치관을 더 걱정해야 한다. 의사든 선생님이든 간에 사회에서 다른 사람을 위해 봉사하고 있는 이들이야 말로 우리의 진정한 영웅이기 때문이다.

당신의 자녀가 쇼 프로그램 보는 시간을 제한해라. 그리고 연예인들의 삶이 인생의 기준이 아니라는 점을 강조해라.

당신은 아이들이 가수나 영화배우에 대한 존경심을 키우기보다는 부모님과 선생님을 존경하도록 해야 한다. 그럼에도 그런 일을 성취하기란 쉬운 일이 아니다. 물론 우리도 10대 때 영화 '가라데 키드'에 출연한 랠프 마키오를 보면서 시간을 보내고 자넷 잭슨과 함께 춤출 수 있기를 간절히 원했다. 우리는 지금 아이들이 대중스타를 무턱대고 동경하는 것을 잘못이라고 지적하려는 것은 아니다. 아이들이 자신의 선생님보다는 MTV에 더 많은 관심을 가지고 있다면 문제를 해결할 수 있는 사람은 바로 당신이라는 점을 말하고 싶을 뿐이다. 아이들에게 부모와 선생님에 대한 건전한 존경심을 심어주는 일은 가정에서 시작됨을 잊지 마라.

버릇없는 아이는 성공하지 못한다

한국의 아이들이 가장 먼저 배우는 것은 어른들을 공경하는 일이다. 사람은 나이가 들면서 더 많은 지식과 지혜를 갖게 되고, 따라서 더 많은 존경을 받게 된다. 실제로 한국어에는 같은 말을 표현하는 다양한 방법이 있으며, 그것은 말하고자하는 대상의 나이에 따라 달라진다. 나이가 많은 사람을 대할수록 공손한 표현을 쓰며, 자신보다 젊은 사람을 대할 때는 보다 편안한 어투와 단어를 쓴다.

일반적으로 동양 문화에서는 희생과 화합, 겸손을 강조하는 반면, 미국 문화는 개인과 자신감, 도전 정신을 높이 평가한다. 미국에서는 아이들이 이기적이거나 정당하지 못한 행동을 할 경우에 눈살을 찌푸리지만, 그런 행동을 적극적으로 말리지 않는다. 반면 동양에서는 부모뿐만 아니라 아이보다 나이 많은 할아버지, 할머니, 삼촌, 숙모 같은 사람들이 이기적이거나 난폭한 행동을 곧바로 제지하고 충고한다.

아마도 당신은 동양의 이런 교육법이 자녀의 리더십이나 독립심 형성에 방해가 된다고 생각할지 모르겠다. 무엇보다 아이들이 리더가 되기를 바라면서도 그들이 온순하고 순종적인 사람이 되도록 가르치는 것은 모순이 아닌가? 그러나 어른에 대한 존경심을 갖는 것은 독립심을 억누르는 것이 결코 아니다. 그 보다는 선생님과 어른에 대한 진심어린 존경심을 표함으로써 아이들은 그들로부터 더 많은 학습 기회를 얻을 수 있다. 겸손을 배우지 못한 아이들은 아무것도 배우지 못한다는 점을 기억해라.

아이가 어른에게 불손한 말투나 행동으로 대한다면 절대로 너그럽게 용서하지 마라.

제인은 도쿄의 국제학교에 다닌 적이 있다. 그 학교에는 전 세계 47개국 출신의 아이들이 다니고 있었지만, 대다수의 학생들은 일본으로 이주해 온 미국인이거나 외국에서 살다가 돌아왔지만 일본 학교에 다시 등록할 수 없는 일본인, 아니면 자신의 자녀가 미국적인 교육을 받기 원하는 일본인들이었다.

제인의 일본어 수업은 동양계 학생들과 미국인 학생들이 거의 비슷한 숫자로 참여하고 있었다. 그 수업은 야마모토 선생님이 맡고 있었는데, 순발력이 뛰어나고 재치 넘치는 말투를 지닌 침착한 분이었다.

야마모토 선생님은 학생들을 엄격하게 통제했다. 교실에서 음식을 먹거나 껌을 씹는 학생은 한 명도 없었다. 수업시간에 떠드는 학생이 있으면, 선생님은 칠판에 그 학생의 이름을 적었다. 학기 중에 이름이 세 번 적히는 학생의 성적은 즉시 반 등급씩 떨어졌다(예를 들면 B에서 B⁻, B⁺에서 B). 몇 명의 학생들이 떠들다가 지적을 당해 실제로 점수가 깎이자, 아이들은 마침내 선생님을 존경하게 되었고, 조용한 교실이 되었다.

그런데 앤드류가 등장하면서부터 문제가 생겼다. 앤드류의 부모님은 IBM의 도쿄지사에 근무하게 된 미국인이었다. 앤드류는 주의가 산만해서 수업시간에 제멋대로 행동했으며, 수업 준비도 제대로 해오지 않았다. 새 학기가 시작된 지 5주일쯤 지났을 때, 앤드류는 칠판에 이름이 이미 여덟 번이나 적히게 되었다. 하지는 그는 오히려 그것을 자랑스럽게 생각했다. 그는 자주 트림을 하거나 의도적으로 책을 떨어트려 수업 분위기를 망치곤 했다. 특히 야마모토 선생님이 교실로 들어올 때면 휘파람을 불어 다른 학생들의 신경을 거슬리게 했다.

어느 날 앤드류는 돌이킬 수 없을 만큼 지나친 행동을 하고 말았다. 그때 학교에서는 학생회 선거가 한창이었다. 선거를 둘러싼 열기가 너무 높아서 평소에는 수업 이외의 문제에 대해 거의 말하지 않던 야마모토 선생님까지도 몇 분 동안 뜨거운 선거전에 대해 이야기했다. 학생들이 자리에 앉자 선생님은 "여러분은 선거에 대해서 어떻게 생각합니까?"라고 물었다. 그런데 선생님의 발음이 부정확해서 '선거'를 의미하는 'election'이란 말이 '성기의 발기'를 의미하는 'erection'으로 들렸다. 이때 불안한 침묵을 깨는, 귀에 거슬리면서도 냉소적인 웃음소리가 교실 뒤쪽에서 들려 왔다. 앤드류는 "당신에게 발기를 보여줄게요!"라고 하면서 평소보다 더 큰 웃음소리로 깔깔댔다.

곧 학급의 절반에 가까운 학생들이 그와 함께 웃음을 터뜨렸다. 평소에는 얌전하고 행실이 단정했던 제인까지도 웃음을 참지 못하고 키득거리고 말았다. 하지만 잠시 후, 야마모토 선생님이 일그러진 표정을 짓자 웃음소리는 가라앉기 시작했다. 이 때 무례한 웃음을 자제한 학생들은 대부분 동양계인 반면, 대다수 미국인 학생들은 깔깔거리며 선생님에게 모욕감을 주었다.

미국인 학생들은 무례하지만 동양계 학생들은 모범적이라고 말하려는 것이 결코 아니다. 그보다는 미국인 학생들과 동양계 학생들이 선생님을 대하는 태도가 어떻게 다른지 설명하려고 한다. 동양에서는 선생님을 교육과 학습에 전념하는, 고귀한 사람이라고 생각한다. 하지만 미국 학생들은 선생님을 자신의 좋은 시간을 방해하는 고지식하고 권위적인 인물로 여기는 경향이 있다. 어느 쪽이 아이의 인생에 있어서 더 바람직하다고 생각하는가?

당신도 선생님을 존경해라

아이가 선생님을 대하는 태도를 올바르게 형성하기 위해서는 부모의 역할이 매우 중요하다. 그렇다면 선생님에 대한 존경심은 어떻게 만들어질까?

아이에게 어른과 선생님에 대한 존경심을 가르치는 일은 가정에서부터 시작되어야 한다. 예를 들어 식사 시간을 이런 존경심을 가르치는 기회로 삼아라. 아이들이 부모나 할아버지, 할머니와 대화를 나누면서 투정하거나 무례한 행동을 하지 않도록 해야 한다. 물론 식사 예절과 공손한 대화법을 가르치는 일은 학교와 가정에서 함께 이루어져야한다. 절대로 학교에서 식사예절과 대화법을 모두 완벽하게 배운다고 생각하지 마라. 집에서 버릇없이 행동하는 아이는 학교에서도 그런 행동을 서슴없이 하기 마련이다.

그리고 부모들은 아이 앞에서 선생님에 대해 무시하는 말을 해서도 안 된다. 당신이 선생님을 존경하지 않는다는 것을 아이가 눈치 챘다면, 아이는 선생님을 무시하는 태도를 학습하게 된다. 당신이 선생님의 교육 방법이나 능력에 대해 의문을 갖고 있는 경우라도, 그런 생각을 자녀에게 스스럼없이 이야기하는 것은 아이에게 나쁜 영향을 줄 뿐이다. 일상생활 속에서 자녀가 어른과 선생님을 존경심을 가지고 대하도록 도와줘라.

당신의 아이가 선생님의 귀여움을 받도록 북돋아줘라. 과제를 정해진 시간 안에 제출하고, 수업에 집중하면서 예의 바른 사람이 되도록 도와준다면, 당신의 자녀는 분명 선생님의 사랑을 받을 것이다.

무엇보다도 선생님에게 존경심을 보여주는 것이 당신의 자녀가 성공하는 데 큰 도움이 된다는 점을 기억해라. 우리가 선생님에게 존경심을 표현했기 때문에 그들은 우리에게 어려운 개념들을 설명하기 위해 따로 시간을 할애했다. 그리고 대학입학 허가 과정과 우리의 취약점을 극복하는 방법에 대해 조언해 주기도 했다. 게다가 가능성이 있는 대학, 대학원 또는 회사에 추천서를 써줄 수도 있지 않은가? 이제 우리가 말하고자 하는 바를 이해했길 바란다.

궁극적으로 선생님에 대한 존경심은 아이의 인생에 큰 보탬이 된다. 그 보상은 교실 밖에서도 유효하기 때문이다. 우리는 선생님이나 친구, 부모님, 동료들을 존경할 줄 알았기 때문에 지금의 위치에 올 수 있었다고 생각한다. 덤으로 친구와 가족의 사랑을 받을 수 있음도 잊지 마라. 결코 다른 방법을 통해서 얻을 수 없는 가치 있는 것들이다.

당신이 바뀌어야
아이가 바뀐다

1. 당신의 자녀가 쇼 프로그램 보는 시간을 제한해라. 그리고 연예인들의 삶이 인생의 기준이 아니라는 점을 강조해라.

2. 자녀가 어른에게 불손한 말투나 행동으로 대한다면 절대로 너그럽게 용서하지 마라.

3. 당신의 아이가 선생님의 귀여움을 받도록 북돋아줘라. 과제를 정해진 시간 안에 제출하고, 수업에 집중하면서 예의 바른 사람이 되라고 장려한다면, 당신의 자녀는 선생님의 사랑을 받을 것이다.

아이들은
성적표를 숨기고 싶어 한다

아버지 한 사람이 백 명의 학교 선생님보다 낫다. – 조지 허버튼

요즘 부모들은 대부분 맞벌이로 생계를 꾸려가고 있다. 하루종
일 일에 치여 지친 몸을 이끌고 집으로 돌아온 부모들
은 결코 아이들의 숙제 따위와 씨름하고 싶지 않을 것
이다. 이런 상황에서 아이의 시험성적을 올리기 위해
새로운 전략을 짠다는 것은 거의 불가능하다. 그런데
일과 자녀의 교육 중에서 당신이 정작 최선을 다해야
하는 것은 무엇인가? 눈코 뜰 새 없이 바쁜 요즘 부모
들의 딜레마이다. 아이를 위해서 돈을 번다는 핑계는
아이에게 통하지 않는다. 그들에게 보다 훌륭한 교육
환경을 만들어준다는 것이 고작 돈을 많이 버는 일이
되어서는 안 된다. 당신에게 정말 중요한 일은 바로 자
녀의 교육에 참여하는 것이다. 일단 퇴근했다면, 직장
에서의 업무는 잊어버려라. 그리고 당신에게 가장 중

요한 일을 해라. 자녀의 교육에서 지금 적극적인 역할을 수행한다면, 아이들은 앞으로 몇 년 동안 그 노력에 대한 충분한 보상을 받게 될 테니까.

아이의 선생님과 친구가 되어라

가장 먼저 해야 할 일은 정기적으로 자녀의 선생님을 만나는 것이다. 당신의 자녀가 싫어하거나 불평하더라도 이 일은 꼭 해야 한다. 아이가 이제 겨우 유치원에 다닌다고 할지라도 선생님과 만나는 일에 거부감을 느끼지 마라. 새 학년이 시작되면 선생님과 면담을 해서 안면을 익혀 두어라. 많은 사람들은 회사의 주간 일정회의에는 빠지지 않으면서도, 한 달에 한 번씩 자녀의 선생님과 만나기 위해 시간을 할애하는 데는 너무나 인색하다. 물론 당신은 직장에서 일한 대가를 받으며 만족할지 모르겠지만 당신의 가장 소중한 유산은 자녀들이 아닌가? 자녀의 선생님과 몇 달에 한 번이라도 정기적으로 면담을 가져라. 당신과 선생님 모두에게 시간상 부담을 주지 않으면서 선생님과 공개적이고 친밀한 관계를 맺는 것은 아이를 위해서 매우 중요하다.

그러나 그 만남은 우호적이면서도 가능한 한 짧아야 한다. 단지 당신의 자녀가 어떻게 공부해야 하는가에 대한 정보를 얻기 위해 선생님의 시간을 오래 빼앗아서는 안 된다. 마찬가지로 선생님을 명문대학의 입학 허가서를 받기 위한 수단쯤으로 여겨서도 안 된다. 선생님과 진정한 정서적 교류를 해라. 아이의 선생님이 당신을 한 인간으로서 좋아한다면, 당신의 자녀는 그만큼 보이지 않는 도움을 받을 수 있다. 선생님은 항상 규정을 지키면서 공정하려고 애쓰지만 어쩔 수 없이 감정을 지닌 인간이지 않은가? 당신이 선생님에게 서만하게 대하거나 무례하고 억지를 부린다면, 그는 당신의 아이에게 최선을 다하지 않을 것이다.

우선 가벼운 대화로 분위기를 풀고 나서 이전의 면담에서 얘기했던 주제들에 대해 이야기를 시작해라. 특정 과목에서 자녀의 성적을 향상시킬 필요가 있다고 생각한다면, 우선 그 문제부터 이야기해라. 당신이 자녀와 함께 공부하기 위해 개인적으로 어떤 노력을 기울였는지 대강 설명한 다음에, 선생님에게 그 결과가 어떠했는지 물어봐라. 그 결과가 선생님의 눈에 띄었다면 당신은 자랑스러워해도 좋다. 만약 그렇지 않다면 아이의 성적을 향상시킬 수 있는 방법을 물어봐라.

당신은 항상 자녀의 성적을 향상시킬 수 있는 방법에 대해 고민해야 한다. 이때 선생님은 훌륭한 조력자가 될 것이다. 그들과 솔직하면서도 편안한 관계를 유지해 왔다면, 아이의 장단점이나 개선 방향에 대해 선생님들은 자유롭고 솔직하게 조언해 줄 것이다. 그런데 대부분의 부모들은 선생님의 충고나 제안을 불쾌하게 생각하는 경향이 있다. 당신의 아이가 학업 능력이 우수하고 사교적이며, 아주 모범적이라는 칭찬만 듣고 싶다면 굳이 바쁜 시간을 쪼개 선생님과 면담할 필요가 있겠는가? 세상에 완벽한 아이는 없다. 아이의 나쁜 점이나 고칠 점을 듣는 것은 결코 부끄러운 일이 아니다. 분명히 말하지만 아이의 칭찬을 듣기 위해 학교를 방문할 필요가 없다. 그냥 집에서 TV나 보면서 편히 쉬어라.

다음으로 당신의 자녀가 더 신경써야 할 다른 과목이 있는지 물어봐라. 이때 선생님과 솔직하면서도 구체적인 대화를 나눠라. 아울러 선생님의 노력 덕분에 당신의 자녀가 최선을 다하는 학생으로 변하고 있어 감사하다는 말도 잊지 마라. 수첩에 메모하면서 경청하는 태도를 보여라. '좀 더 노력해야 할 과목'이나 '성적을 향상시키기 위해 해야 할 일'에 밑줄을 그어 강조하라. 수첩에 적어두면 꾸준히 관찰하면서 그 방법이 효과가 있었는지 살펴 볼 수 있다. 몇 달이 지난 후에 그 수첩의 항목들을 살펴보면서 당신은 전략 수정의 필요성을 느끼거나 취약한 과목이 바뀌었음을 알 수 있다.

또 부모들은 선생님과 면담할 때 아이의 성적을 올리고 싶다는 명백한 의사표시를 해야 한다. 자녀의 잘한 점에 대해서만 듣고 싶어 하는 부모들은 자녀가 올바른 방향으로 나아가는 것을 방해할 뿐이다. 결국 그들로 하여금 자신이 재능 없고 하찮은 존재로 느끼게 할 수 있다.

물론 부정적인 측면에만 관심을 기울일 필요는 없다. 아이의 문제점이나 취약한 과목을 상담한 후에는 긍정적인 측면에 관심을 집중해라. 아이가 다른 사람들보다 앞설 수 있는 분야는 어떤 것인지, 어떻게 하면 그런 강점들을 더욱 북돋아줄 수 있는지 알아봐라. 아이들에게는 특히 칭찬과 격려가 아주 큰 힘이 된다는 점을 명심해라.

선생님과 면담할 때는 자녀의 약점을 겸허히 받아들일 마음의 준비를 해라. 그리고 면담할 때 논의할 내용의 목록을 미리 작성해라.

면담이 끝난 후에는 아이들의 성적에 대헤 그들과 항상 대화의 시간을 가져라. 되도록이면 가족의 분위기가 좋을 때 하는 것이 좋다. 매달 우리 부모님은 선생님과의 면담을 끝내면 우리를 데리고 피자헛에 가곤 했다. 부모님은 커다란 슈프림 피자를 앞에 놓고 선생님과 상담한 내용을 간단히 설명해주었다. 부모님이 말하고자 하는 것은 분명했다. 내용인즉슨 우리를 자랑스러워하며, 지금까지 우리가 잘해왔다고 생각하지만 앞으로 노력해야 할 여지가 많다는 것이었다. 대화의 내용은 주로 공부에 관련된 것이었지만, 피자헛에서 보낸 그 밤들은 우리에게 지금도 잊지 못할 추억의 순간들이다. 그런 경험을 통해서 우리는 학교생활과 부모님이 깊이 연관되어 있음을 느낄 수 있었다.

당신이 선생님과의 면담에 흥미를 가지고 있다는 것을 보여줘라.

아이들은 성적표를 숨기고 싶어 한다

자녀들이 성적표 받는 날짜를 정확하게 알고 있는가? 단편적인 예에 불과하겠지만 성적표 받는 날짜를 안다는 것은 자녀의 교육을 위해 당신이 적극적인 역할을 하고 있음을 의미한다. 예전에 우리 부모님은 성적표가 나오는 시기를 항상 정확하게 알고 있었는데, 우리에게 그것은 지금까지도 불가사의한 일이다. 때문에 그다지 뛰어나지 못한 성적표일지라도 우리는 지체 없이 부모님에게 보여줘야만 했다.

수가 7학년이던 어느 날 오후였다. 그녀는 A학점보다는 B학점이 훨씬 더 많은 성적표를 보고 낙담했다. 다른 학생들과 비교했을 때 그다지 나쁜 성적은 아니었지만, 자신과 부모님의 기대에 못 미쳤기 때문이다. 그녀는 자신이 최선을 다하지 않았다는 것 때문에 부모님이 실망할까봐 걱정되었다.

수는 집으로 돌아오는 버스 안에서 주말까지 부모님에게 성적표를 보여주지 않기로 결심했다. 그날은 목요일이었는데, 조금이라도 꾸지람 듣는 일을 늦추고 싶어서였다. 부모님이 언짢은 주말을 보내지 않도록 하기 위한 최선의 배려라고 생각했을까? 물론 그것은 자신의 거짓말을 합리화하는 변명에 지나지 않았지만.

수는 집에 돌아와서 아무 일도 없는 것처럼 행동했다. 여느 때와 똑같이 주방으로 가서 제인과 함께 갓 구운 쿠키를 먹기 시작했다. 그러나 어머니는 수의 모든 움직임을 주의 깊게 지켜보았고, 뭔가 낌새를 눈치 챈 듯 보였다.

수가 세 개째 쿠키를 먹고 나자 어머니는 "어떻게 할 거니?"라고 웃으면서 물어왔다. 수는 무슨 말인지 모르겠다는 어깨 짓을 했지만, 그녀의 가슴은 심하게 콩닥거리고 있었다. 무엇인가를 숨길 때 수의 행동은 언제나 부자연스러웠다. 수는 "무슨 뜻이에요?"라고 말했다. 어머니는 "너, 오늘 성적표 받지 않았니?"라고 물었다.

아마도 수는 자신이 어머니를 보기 좋게 속일 수 있다고 생각했던 모양이다. 수는 "아니요. 아직 받지 못했어요"라고 태연하게 말했다. "월요일에 나올 것 같아요." 어머니는 아무말 없이 서 있었으며, 수는 어머니의 그런 모습이 자신의 말을 믿은 것이라고 생각했다. 다행히도 그날, 수의 성적표 이야기는 다시 나오지 않았다.

다음 날 오후, 수는 버스를 타고 오는 길에 어제 자신이 했던 일을 곰곰이 생각했다. 그녀는 모든 사실을 실토할 수도 있었지만, 그렇게 되면 주말을 완전히 망쳐버릴 것 같았다. 부모님에게 월요일에 성적표를 보여드리고 그때 가서 조용히 고난의 시간을 견뎌낼 계산이었다.

그날 어머니는 현관문으로 들어서는 수를 보았다. 어머니는 이번에도 엷게 웃으시면서 "별 일 없었니, 애야?"라고 물었다. 수는 "네, 별 일 없었어요"라고 대답했다. 하지만 다시 거짓말을 해야 한다는 생각에 수의 가슴은 무겁게 짓눌리고 있었다. "엄마는 오늘 어땠어요?" 어머니는 지그시 눈을 감으면서 "좋았어. 정말 특별한 일이 없었니?"라고 짐작가는 데가 있다는 듯이 다시 물었다.

수는 "정말 없었어요"라고 딱 잡아뗐다. "그런데 오늘 저녁 식사는 뭐예요?" 어머니는 "아버지가 퇴근길에 피자를 사오겠다고 하시는구나"라고 즐거운 표정으로 말했다. 수는 입맛을 다셨다. "와, 맛있겠다. 엄마, 근데 무슨 좋은 일 있어요?" 어머니는 수의 눈치를 살피며 이렇게 말했다. "제인이 오늘 성적표를 받아왔는

데 기대 이상이구나. 그런데 넌 어떻게 됐니?"

수는 이 질문을 예상했다는 듯이 "아직 잘 모르겠어요"라고 신경질적으로 대답했다. 제인은 수보다 세 살 어렸으며, 아직 초등학교에 다니고 있었다. 두 사람의 성적표가 따로 나오더라도 이상할 게 전혀 없었다. 어머니는 고개를 갸웃거리며 "월요일까지 성적표가 나오지 않을 거라고 했던 것 같은데…"라고 말했다. 어머니는 수에게 꼬치꼬치 캐물을 참이었다. 그러나 다행히도 그때 마침 아버지가 피자를 가지고 들어왔다.

피자를 먹으면서 아버지는 조심스럽게 얘기를 꺼냈다. "수야, 아버지는 네가 성적표에 대해 왜 거짓말을 하는지 그 이유를 잘 모르겠구나. 너희 엄마와 나는 네가 어제 성적표를 받은 것을 알고 있단다. 무엇 때문에 숨기려고 하니?" 수는 깜짝 놀라서 하마터면 소시지 조각이 목에 걸릴 뻔 했다. 수는 엉겁결에 "아버지의 주말을 망치고 싶지 않았어요. 그리고 저 때문에 실망하는 모습도 보고 싶지 않았고요"라고 말했다.

아버지는 수가 잘못한 것이 무엇인지 차근히 설명했다. "수야, 절대로 그렇시 않단다. 아버지는 수가 진실을 말하지 않고 거짓말을 하려고 했다는 점에 더 실망했어. 떨어진 성적 때문에 이러는 것이 결코 아니란다. 네가 그렇게 우리를 속이려 했다면 분명 그럴 만한 이유가 있었을 거야. 너희들의 부모로서, 그 이유가 무엇인지 알고, 바로 잡는 것이 우리가 할 일이라고 생각한다."

처음에 당황했던 수는 점차 평정심을 되찾았다. 결국 저녁 식사가 끝난 후에 그녀는 부모님과 함께 자신의 성적표를 살펴보았다. 이 일에서 우리는 중요한 교훈을 얻었다. 부모들은 항상 아이들의 행동을 유심히 관찰하며 작은 변화에도 주목해야 한다는 점이다. 아이들은 자신에게 불리한 상황이 올 거라고 예상하면 그 순간을 모면하기 위해서 거짓말을 하곤 한다. 이 때 부모들은 아이의 잘못을 무턱대고 나무라기보다는 그들의 심정을 고려하면서 침착하게 올바른 방향을 제시해야 한다.

당신의 자녀가 성적표 받는 날을 정확히 알고 반드시 가족과 함께 그것을 검토해라. 그렇게 함으로써 온 가족이 그들의 교육을 중요하게 생각한다는 것을 보여줘라.

당신은 자녀에게 무엇을 해 줄 수 있습니까?

자녀 교육에서 당신이 적극적인 역할을 하고 있다면, 그것은 자녀의 성공에 필요한 토대를 만드는 일이다. 당신이 자녀 교육에 시간과 노력을 많이 투자할수록, 아이들은 자신의 교육을 진지하고 소중하게 받아들인다. 또한 자녀의 교육이 당신에게 가장 중요한 일임을 분명히 할수록, 아이들은 학습을 오롯이 자신의 몫으로 생각한다. 이런 과정을 통해 당신의 아이는 성공에 접근해 갈 수 있다.

여기서 다시 우리 아버지가 수의 어휘력과 독해력을 향상시키기 위해 《제인 에어》를 선택했던 이유를 설명하고자 한다. 수와 함께 공부하면서 아버지가 맡았던 적극적인 역할이 어떻게 훌륭한 성과를 거뒀는지 살펴보자.

아버지는 수와 함께 그 책들을 읽으며 공부했던 방식이 그녀에게 충분히 도움이 되고 동기를 부여한다는 사실을 알아냈다. 사실 책을 읽으면서 모르는 단어를 정리하는 것은 지루하고 평범한 학습 방법일 뿐이다. 그러나 아버지가 적극적으로 참여하고, 열정을 보이자 그것은 보다 재미있고 보상을 받을 수 있는 활동으로 변했다. 무엇보다 아버지가 자신의 소중한 여가시간을 기꺼이 할애해 준 것이 수에게 적절한 동기부여와 자극이 되었다고 생각한다.

그러나 자녀 교육에 적극적인 역할을 하라고 해서 한없이 오랫동안 책과 시험문제를 연구하고 분석하면서 시간을 보내라는 것은 아니다. 그런 방법 말고도 부모들은 아이들을 격려하면서 어린이를 대상으로 하는 강좌나 캠프, 프로그램에 보냄으로써 자녀 교육에 참여할 수 있다. 물론 여기에는 경제적인 부담이 뒤따른다. 그러나 열심히 일해서 벌어들인 돈의 일부를 교육에 투자한다는 것 자체가 당신이 가장 우선시 하는 일이 교육임을 보여주는 데 효과가 있다. 단지 최신 모델의 차를 구입하려 애쓰기보다는 자녀의 교육과 미래에 투자하려는 부모의 모습이 더 바람직하지 않겠는가?

경제적으로 자녀의 교육에 투자하는 것을 가족 최고의 우선 과제로 삼아라.

우리는 앞에서 수가 중학교에 다니는 동안 뉴크 내학의 여름 캠프에 참가했던 일을 이야기한 적이 있다. 당시에 우리 가정 형편은 경제적으로 중산층 이하였지만, 부모님은 교육에 돈을 아끼지 않았다. 뿐만 아니라 피아노나 테니스 레슨 같은 과외 활동에도 주저하지 않고 돈을 지출했다. 우리가 자라면서 배운 것은 간단하다. 그것은 바로 부모님에게 우리의 교육은 다른 무엇보다 소중한 일이라는 점이다. 당신이 자녀들을 위해 할 수 있는 최선의 일은 그들에게 이와 같은 메시지를 전해주는 것이다.

당신이 바뀌어야
아이가 바뀐다

1. 선생님과 면담할 때는 자녀의 약점을 겸허히 받아들일 마음의 준비를 해라.

2. 면담을 할 때 논의할 내용의 목록을 미리 작성해라.

3. 기회가 있을 때마다 자녀의 작은 성공도 축하해줘라.

4. 당신이 선생님과의 면담에 흥미를 가지고 있다는 것을 보여줘라.

5. 당신의 자녀가 성적표 받는 날을 정확히 알고 반드시 가족과 함께 그것을 검토해라. 그렇게 함으로써 온 가족이 그들의 교육을 중요하게 생각한다는 것을 보여줘라.

6. 경제적으로 자녀의 교육에 투자하는 것을 가족 최고의 우선 과제로 삼아라.

운동선수를 시킬 것인가,
모델을 시킬 것인가

이 세상에서 가장 훌륭한 질문은 바로 이것이다.
내가 가장 잘 할 수 있는 일은 무엇일까? - 벤저민 프랭클린

어떤 사람은 아들에게 프로 풋볼 선수가 되라고 강요한다. 또

'모델'이란 말이 무슨 뜻인지도 모르는 네 살배기 딸
에게 모델이 되라고 강요하는 젊은 엄마도 있다. 부모
들은 가끔 적성에 맞지 않고 능력도 부족한 아이에게
내과 의사가 되라고 강요하거나, 자신이 이루지 못한
꿈을 자식들이 대신 이루어주기를 바란다.

어떤 부모들도 자녀가 커서 실업자가 되거나 자기
일에 환멸을 느끼길 원치 않는다. 모든 부모들은 자녀
가 개인적으로 만족하고 지적이며 경제적으로도 안정
된 확실한 지위를 찾길 바란다. 그러면서도 부모들은
자녀를 이상적인 직업으로 인도하는 것과 그들에게 스
스로 직업을 선택할 수 있는 자유를 주는 것 사이에서
고민한다.

아이에게 적합한 직업 고르기

당신은 혹시 우리를 의학과 법률 전문가가 되라는 부모의 강요에 희생된 사람들이라고 생각하지는 않았는가? 사실, 부모님은 우리가 직업을 선택하는 데 큰 영향을 끼쳤다. 뿐만 아니라 우리에게 그런 직업을 선택할 수 있도록 용기를 주었으며, 우리의 재능이 의학과 법률 분야에 가장 적합하다고 확신했다.

수는 어려서부터 과학에 관심이 많았다. 그녀는 사람의 신체에 관심이 많았으며 소꿉장난을 할 때면 몇 시간씩 의사 역할만 계속하곤 했다. 그녀는 손으로 무언가를 만지고 작동시키는 것을 좋아했으며, 장난감 청진기를 애지중지했다. 자라면서 점차 사람과 흡사한 인형을 통해 신체의 신비를 풀 수 있다는 데 매료되기도 했다. 그래서인지 그녀는 장난감용 청진기를 목에 두른 채 조그마한 진료 가방을 들고 찍은 어린 시절의 사진을 유난히도 좋아했다.

수는 또한 과학과 수학에 재능이 있는 편이었다. IQ 검사나 그와 유사한 다른 평가를 통해, 과학과 수학에서 문제해결 능력이 뛰어나다고 입증되었다. 어휘력이나 독해력이 요구되는 분야와 달리 그녀는 별다른 노력을 하지 않고도 그런 분야의 개념들을 쉽게 파악했다. 또래들보다 그런 문제해결 능력이 월등히 뛰어났던 수는 자연스럽게 다른 과목보다 수학과 과학을 좋아했다.

물론 부모님은 수의 재능을 잘 알고 있었다. 그래서 우리 가족은 그녀의 타고난 능력을 최대한 발휘할 수 있는 다양한 직업에 대해 의논하기 시작했다. 몇 차례의 선별작업 끝에 의학, 엔지니어링, 회계, 컴퓨터 프로그래밍으로 범위가 좁혀졌다. 항상 인간의 신체에 매료되어 있었고 사람들과 함께 일하는 것을 좋아했던 수는 자연스럽게 의학 분야로 진로를 결정했다. 부모가 자녀의 강점과 적성, 관심 분야에 일찍부터 주의를 기울인다는 것은 매우 중요하다. 당신이 직접 그런 것들을 확인하는 데 어려움이 있다면 두려워하지 말고 자녀의 선생님과 상담해라.

어려서부터 과학과 수학에 뛰어난 재능을 보인 수는 결국 노스 캐롤라이나 과학·수학학교에 입학했다. 그곳의 해부학 수업에서 수는 외과 의사가 되고 싶은 자신의 욕구를 다시 한 번 확신했다. 물론 자신의 도전 분야가 그리 녹록치만은 않았기 때문에 훨씬 더 많은 준비를 해야 했다. 그녀는 각고의 노력 끝에 결국 존스홉킨스 대학의 의과대학에 진학할 수 있었다.

자녀의 재능을 확인해서 그들에게 스스로 능력을 키울 기회를 주어라. 그리고 재능 있는 분야에서 일하고 싶다는 열정을 심어줘라.

수가 외과 의사가 되는 과정은 수월하면서도 즐거웠지만, 제인이 변호사가 되는 과정은 상대적으로 훨씬 힘들었다. 수의 경우와 달리 부모님은 제인의 재능을 쉽게 알아채지 못했다. 제인은 이야기하기와 글쓰기에서 천부적인 재능을 보였다. 그녀는 읽고 쓰는 데 탁월한 재능이 있었으며, 제인을 담당한 선생님이나 우리 부모님도 그런 재능에 일찌감치 주목했었다.

제인은 수와 대조적으로 과학과 수학에 평균 이하의 관심을 보였다. 반면에 창조적인 글쓰기와 독해, 사회학과 역사학 등에서 상당히 우수한 성적을 내곤 했다. 제인의 창조적인 글쓰기 능력은 눈에 띌 정도로 뛰어났으며, 그녀의 글은 청소년을 대상으로 하는 간행물에 실리기도 했다.

처음에 우리 부모님은 이야기하기의 재능과 열정이 제인을 어떤 방향으로 이끌어줄지 그다지 관심을 기울이지 않았다. 아마도 부모님은 뉴욕의 작고 허름한 아파트에서 궁핍하게 생활하는 작가들을 떠올렸던 모양이다. 부모님은 제인이 자신의 재능을 살려 꿈을 좇도록 격려해주기는 했지만, 한편 안정적이고 합리적인 수입을 보장받는 직업에 종사하기를 원했다. 그래서 부모님은 제인이 대학에서 국제관계 분야의 학위를 따는 것이 어떻겠냐고 제안했다. 그런 분야에서 학위를 받는다면 글을 쓸 수 있는 기회도 언젠가는 살릴 수 있다고 생각했던 것이다.

제인은 일본에서 미국계 고등학교를 졸업한 후에 국제관계학 대학원으로 유명한 조지메이슨 대학에 등록했다. 제인은 입학 후 2년 동안 주로 국제관계 수업을 들었으며, 간간이 글쓰기 과정도 들었다. 그러면서 제인은 캠퍼스에서 발행되는 신문과 문학잡지에 몇 편의 수필과 소설을 발표했다. 제인은 조지메이슨 대학을 다니는 중간에 노스캐롤라이나 대학으로 옮겼다.

제인은 그곳에서 국제관계학 공부를 계속하긴 했지만, 그 분야에 대해 졸업 후 계획이 전혀 없었다. 어느 순간부터 제인의 마음속에는 사회적으로 혜택을 받지 못하는 이민자들과 관련된 사회활동이 자리잡고 있었다. 제인은 대학의 직업상담 담당자, 부모님과 오랫동안 자신의 진로에 대해 의논했으나 여전히 어느 분야에서 자신의 재능을 잘 발휘할 수 있을지 확신하지 못했다. 하지만 제인은 성급한 결정을 내리고 싶지 않았기 때문에 대학 졸업 후 일 년 정도 지내면서 정말 관심이 있는 분야를 찾아보기로 했다.

부모님은 좀 더 시간을 갖기로 한 제인의 결정을 존중했지만, 자신의 막내딸이 지하철이나 쇼핑몰 같은 데서 일 년을 허송세월 하도록 내버려둘 수가 없었다. 우선 부모님은 제인이 지닌 재능과 관심에 대해 냉철하게 고민하기 시작했다. 제인이 이야기하기와 글쓰기에 뛰어난 재능을 가졌다는 것은 부모님도 인정하는 바이다. 그리고 부모님은 그녀가 대학에 다니는 동안 자신의 능력을 더욱 발전시킨 것을 칭찬했다. 부모님은 또한 제인이 불행하거나 사회적으로 혜택을 받지 못한 사람들을 돕기 좋아한다는 것도 알았다. 마지막으로 그녀가 국제적인 문제에 관심을 가지고 있다는 것을 이해했으며, 제인도 그 점에 대해 동의했다.

그 후 오랫동안 부모님과 제인은 어떻게 하면 안정적인 직업에서 그녀의 고유한 재능과 열정을 발휘할 수 있을지 긴 대화를 나눴다. 물론 제인은 작가라는 직업이 이상적이지 않다는 점에 대해 수긍했다. 또한 사회복지사가 되는 것도 고려해봤지만 극히 적은 수입 때문에 포기해야만 했다.

부모님은 제인과의 길고도 쉽지 않은 대화를 나눈 후에 마침내 법대에 진학하는 것이 어떻겠냐고 제안했다. 법대에서는 학생들의 글쓰기 능력이 상당히 중요했으며, 법학 학위를 받을 경우에는 사회적 혜택을 받지 못하는 사람들이나 이민자들에게 얼마든지 큰 도움을 줄 수 있기 때문이었다. 마지막으로 가장 중요한 것은, 법학 학위는 제인이 비영리 기관이나 정부의 관련부처에 종사하더라도 어느 정도 경제적인 안정을 보장한다는 이점이었다.

자녀의 직업에 대한 솔직한 대화를 통해 그들의 재능을 발휘할 수 있고 경제적으로 안정된 직업을 찾아라. 그리고 정기적으로 아이의 장래 계획에 대해 함께 논의할 수 있도록 일정을 짜라.

변호사는 과연 창의적이지 못한 직업인가?

두말할 필요도 없이 제인은 부모님의 제안에 강한 거부감을 표시했다. 대학 공부를 하면서 지칠 대로 지친 제인에게 강도 높은 학교 교육을 3년이나 더 받으라는 것은 생각만 해도 끔찍한 일이었다. 더구나 제인은 변호사들이 비윤리적이고, 그럴듯한 말로 상대방을 구슬려 돈만 챙기면서 자신의 영혼까지도 팔 수 있는 사람들로 생각했다. 하지만 제인은 부모님과 몇 달 동안 수없이 대화를 나눈 끝에 부모님의 제안을 받아들이기로 했다.

결과적으로 법대에 입학하기로 한 것은 제인이 그 때까지 내린 결정 중에서 최고의 선택이었다. 북동부에 있는 몇 곳의 대학에 응시한 후 그녀는 마침내 템플 대학에 합격했다. 처음에 제인은 과중하고 어려운 수업 때문에 힘들어 했다. 특히 불법 행위에 관한 연구 과제를 끝내기 위해 밤샘 공부를 할 때에는 법대에 진학한 것을 후회하기도 했다. 게다가 제인을 더욱 힘들게 한 것은 너무 바쁜 나머지 글쓸 시간이 거의 없다는 이유 때문이었다.

제인은 부모님과 수의 격려를 받으면서 비참했던 입학 첫 해의 어려움을 잘 극복했다. 2학년 때에는 이민법 전문 법률회사에서 비상근직으로 일하기 시작했다. 그녀는 그곳에서 이민자 정책에 대해 자세히 배웠으며, 자신의 도움이 필요한 수많은 이민자들을 만났다. 마침내 제인은 법대에서 배운 지식을 가난한 이민자들이 겪고 있는 현실적인 문제에 적용하는 즐거움을 누릴 수 있었다.

제인은 법대를 졸업하고 이민 전문 변호사로 필라델피아 아동병원에서 일하면서 더 이상 자신의 선택을 후회하지 않았다. 그녀는 교실이 아닌 이민 분야에서 자신만의 전문영역을 찾은 것이다. 또한 법대는 자신의 언어능력을 유감없이 발휘할 기회를 제공했으며, 그곳에서 국제문제와 문화적 다양성에 관한 지식도 활용할 수 있었다. 게다가 놀랍게도 제인은 법대에 다니는 동안 그 이전보다 더 많은 글을 써냈다.

대부분 아이들은 안정적인 수입을 보장하는 직업(의사나 변호사)을 지루하고 고된 학교생활과 연관지어 생각한다. 그러나 그런 직업이 반드시 창의력이나 재미 등의 희생을 의미하는 것은 아니라고 일깨워줘라.

우리와 비슷한 사례를 하나 더 소개하고자 한다. CNN 뉴스 특파원인 크리스티나 박Christina Park은 자신이 개인적인 재능을 발견할 수 있도록 다양한 활동을 접하게 해 준 부모님에게 고마움을 표시하곤 했다. 크리스티나는 다음과 같이 말했다.

"나는 무엇보다 세상을 보는 지혜를 주신 부모님께 감사드린다. 우리 부모님은 성적이나 공부 못지않게 호기심을 채워줄 특별 활동에 참여할 수 있도록 나를 북돋아주셨다. 부모님은 나에게 꿈과 무한한 가능성으로 가득 찬 세계를 보여주신 셈이다.

어린 시절, 수업을 마치고 돌아오면 우리 집에는 항상 뭔가 할 일이 있었다. 내 친구들은 대부분 집에서 TV를 보면서 시간을 보냈지만, 나와 오빠는 끊임없이 우리의 재능을 활용하고 다듬으면서 남들보다 뛰어나기 위해 노력했다. 또 부모님은 경제적으로 힘든 시기에도 우리의 교육을 위해 돈을 아끼신 적이 없다. 나는 언제나 원하는 만큼 책을 접할 수 있었으며, 그것은 내가 꿈꾸는 세계로 갈 수 있도록 도와주었다."

크리스티나 박의 부모님은 딸의 성공을 위해서 개인적인 재능을 확인하고, 그 재능을 키워주는 일이 얼마나 중요한지 알고 있었다고 생각한다.

당신이 그 일을 해야 한다

일반적으로 동양계 부모들은 자녀들이 사회적 명성과 충분한 금전적 보상이 모두 따르는 직업에 종사하기를 바란다. 반대로 그들은 재정적으로 불안정하거나 전문성이 없다는 이유로 '위험 부담'이 큰 직업에 대해서는 자녀들의 선택을 제한한다. 우리 부모님도 몇 년 동안의 강도 높은 학교생활과 교육을 통해서 위험도가 낮고 지적 성취도가 높은 직업(의학, 법률 등)에서 경쟁력 있는 사람이 될 수 있다고 믿었다. 물론 우리는 그들의 가치관과 선택이 항상 바람직하다고 믿지는 않는다.

자녀의 개인적인 재능을 확인하고 올바른 진로로 나아가도록 도와줄 수 있는 최선의 사람은 바로 부모들이다. 당신이 그 일을 하지 않는데 누가 대신해 주겠는가? 물론 그 과정에서 많은 난관에 부딪힐 것이다. 아이들에게 가장 적합하다고 생각한 진로를 그들은 처음부터 거부할지도 모른다. 하지만 궁극적으로 자녀의 재능을 키워주고, 그들이 충분한 정보를 가지고 결정할 수 있도록 도와준다면 그에 따른 보상이 뒤따를 것이다.

당신이 바뀌어야
아이가 바뀐다

1. 자녀의 재능을 확인해서 그들에게 스스로 능력을 키울 기회를 주어라. 그리고 재능 있는 분야에서 일하고 싶다는 열정을 심어줘라.

2. 자녀의 직업에 대한 솔직한 대화를 통해 그들의 재능을 발휘할 수 있고 경제적으로 안정된 직업을 찾아라. 그리고 정기적으로 아이의 장래 계획에 대해 함께 논의할 수 있도록 일정을 짜라.

3. 대부분 아이들은 안정적인 수입을 보장하는 직업(의사나 변호사)을 지루하고 고된 학교생활과 연관지어 생각한다. 그러나 그런 직업이 반드시 창의력이나 재미 등의 희생을 의미하는 것은 아니라고 일깨워줘라.

SECRET 08

마라톤 선수는
무작정 달리지 않는다

목표 없이 항해하는 사람은 바람의 힘을 빌릴 필요가 없다.
— 미셸 드 몽테뉴

여기까지 이 책을 읽은 당신은 혹시 부모님이 우리에게 어렸을 때부터 최고의 명문대학에 들어가고, 전문직에 종사하라고 강요했다고 생각할지도 모르겠다. 하지만 정작 우리 부모님은 그렇게 한 적이 없다. 그것이 오히려 역효과를 낼 수도 있음을 염려했던 모양이다. 아이들은 20년 후의 미래를 생각하도록 설계된 인조인간이 아니다. 자녀들에게 고지방 식품을 먹지 않아야 나중에 비만에 걸리지 않는다고 아무리 충고해도 그들은 맥도널드의 해피밀(맥도널드에서 판매하는 어린이용 햄버거 세트 – 옮긴이)을 쉽사리 포기하지 않는다. 마찬가지로 자녀에게 지금 열심히 공부해야 나중에 자신의 직업에 만족하면서 큰 돈을 벌 수 있다고 말한들 그들이 학습에 흥미를 갖겠는가?

그렇다면 부모들은 어떻게 해야 하는가? 어떻게 하면 즉각적인 만족을 원하는 아이들에게 장기적으로 미래를 내다보는 안목을 가르칠 수 있을까? 결론부터 말하자면, 부모들은 충분한 분석을 거쳐 여러 단계의 장·단기 계획을 세운 다음 자녀에게 제시해 주어야 한다. 어린 아이들에게는 시간별, 일간, 주간 단위로, 그리고 어느 정도 성장한 아이들에게는 주간, 월간, 연간 단위로 계획을 세우는 것이 필요하다.

아이는 15분 이상 집중하지 못한다

우리 어머니는 집중력이 부족한 아이들의 특성을 최대한 활용해 소기의 성과를 달성하곤 했다. 물론 어머니가 저명한 교육학자는 아니다. 대부분의 시간을 자녀들과 함께 보내는 평범한 전업 주부였다. 하지만 어머니는 평범한 교육 활동일지라도 어떻게 하면 좀 더 '재미있는 놀이를 만들 수 있을까'를 항상 고민했다. 우리가 아주 어렸을 때, 어머니는 우리의 머릿속에는 15분 이후의 일에 대해 아무런 계획이 없음을 잘 알고 있었다. 즉, 우리는 한 번에 15분 이상 집중할 수 없었다.

그러나 어머니는 우리의 짧은 집중시간을 심각한 장애로 생각하지는 않았다. 어머니는 일단 우리가 세 살이 되기까지는 다채롭고 흥미로운 그림 동화책으로 우리를 유혹했다. 시간이 흘러 우리가 어느 정도 말할 수 있게 되자, 어머니는 알파벳을 가르쳐 주었다. 학교에 입학할 때까지 그것을 기억할지는 확신하지 못했지만, 어머니는 반드시 대문자와 소문자를 구별했다. 그러다가 어느 날부턴가 2개의 문자를 같이 배웠는데, 그 중 하나는 아침에, 다른 하나는 오후에 배웠다. 우리가 그 문자를 몇 차례 반복하고 난 후에, 어머니는 몇 개의 단어를 써내려가곤 했다. 대개는 사물의 이름이었는데, 그렇게 함으로써 우리는 그 단어들을 좀 더 쉽게 외울 수 있었다. 예를 들어, 'A'라는 문자에는 'apple', 'ant', 'animal' 같은 단어를 적었다. 어머니와 함께 이 단어들을 소리 내 읽은 다음, 꼭 그에 해당하는 물체를 직접 확인했다. 사과를 찾기 위해 냉장고를 뒤지거나, 개미가 있는 곳을 찾기 위해 정원의 흙더미를 파헤치기도 했고, 만약 단어에 해당하는 물체가 집에 없으면 그림으로 대체하기도 했다.

어머니가 이제 겨우 아장아장 걷기 시작한 딸들을 위해 세운 단기 목표는 간단했다. 그것은 바로 하루에 알파벳을 2개씩 가르치는 것이었다. 그리고 2주일이 지나면 그 과정을 다시 반복했다. 이 방법은 매우 효과적이었다. 알파벳을 빨리 배웠다는 사실도 중요하지만, 그보다는 우리가 그 과정에서 많은 수의 단어들을 덤으로 배웠다는 점이다. 부모님에 따르면, 수는 두 번째 생일이 되기 전에 'C'로 시작하는 'candy'라는 단어를 이미 알고 있었다고 한다.

그런 학습은 고작해야 한두 시간밖에 걸리지 않았지만, 어머니는 장기적인 계획을 마음속에 그리고 있었다. 우리가 연말까지 알파벳의 대소문자를 구별하고, 일상적으로 나누는 대화에서 그때 배운 단어들을 사용하기를 원했다. 그러니까 어머니는 우선 단기 목표에 집중하고, 궁극적으로는 자녀들이 글을 읽을 수 있도록 가르치고 어휘력을 향상시킨다는 장기 목표에 도달하려 했던 것이다.

장기 계획을 항상 염두에 둔 채, 성취 가능한 단기 목표를 세워라. 물론 즐겁게 놀면서 그런 목표들을 달성해야 한다.

마라톤 선수는 무작정 달리지 않는다

우리가 성장하고 집중력이 크게 향상되면서, 부모님은 보다 실질적인 장·단기 목표를 세울 수 있었다. 초등학교에 다니는 동안, 우리의 단기 목표는 숙제를 정해진 시간 안에 마치는 것이었다. 우리가 중학생일 때, 부모님은 주간 및 월간, 분기별로 자신이 이룩한 성과를 평가하는 일에 우리를 참여시켰다. 부모님은 우리의 성과를 정기적으로 분석하면서 다른 아이들보다 뛰어난 과목에서는 재능을 키워주고, 반면 약한 분야를 확인해 성적을 향상시키려고 노력했다.

부모님은 너무 이르다는 이유로 결코 장기 목표를 미루지 않았다. 우리가 중학생이 되자, 부모님은 우리에게 관심 있는 직업이 무엇이며, 입학하고 싶은 대학이 어딘지 진지하게 고민하라고 말했다. 당신은 어쩌면 이런 얘기를 듣고 중학생들이 과연 자신의 재능과 선택할 수 있는 직업에 대해 얼마나 알고 있겠냐고 반문할지도 모른다. 물론 부모님도 우리의 목표가 변치 않으리라고 단정하지 않았다. 만약 그 시절에 선택했던 직업을 수정할 수 없었다면 아마 지금쯤 제인은 스케이트 선수가 되었을 것이고, 수는 듀크 대학을 졸업했을 것이다. 그 당시 부모님은 우리가 미래를 준비하고 꿈꾸는 과정, 그 자체를 가르치고 싶어 했다. 그런 연습을 통해서만이 장기 목표를 세우고 그것을 성취하는 법을 익힐 수 있기 때문이다.

그렇다면 부모들은 어떻게 아이들에게 스스로 목표를 세우고 싶은 생각이 들도록 도와줄 수 있을까? 앞에서 논의한 것처럼, 그 것은 '장기적으로 미래를 내다보는 안목' 의 가치와 소중함을 일깨워주는 것으로부터 시작된다.

당신의 자녀가 모방할 수 있는 성실함과 인내심, 세심한 관심을 보여줘라.

당신도 예상했겠지만, 장 · 단기 목표를 설정하고 성취하는 데 가장 중요한 것은 성실함과 인내심이다. 먼저 당신의 자녀가 성취 가능한 목표를 설정하도록 도와줘라. 처음에는 목표가 작거나 사소한 것이라도 괜찮다. 만약 당신의 자녀가 도달하기 힘든 목표를 설정한다면 흥미를 잃고, 쉽게 좌절할 수 있기 때문이다.

예를 들어 이제 막 걸음마를 시작한 아이에게는 20까지 세는 법을 배우는 것이 적절한 목표이다. 또 초등학생을 위한 목표는 세계 각국의 수도를 아는 것, 그리고 그보다 나이가 많은 아이에게는 외국어의 기초를 쌓는 것이 목표가 될 수 있다. 그러나 어떤 목표든 간에 주목할 만한 결과가 나오도록 요구해라. 목표를 세우기만 하고 후에 흐지부지해버린다면 오히려 역효과만 생길 뿐이다. 여기서 명심해야 할 점은 아이들이 직접 목표를 세우고 그 과정에 적극적으로 참여해야 한다는 것이다. 이런 과정을 거쳐야만 아이들은 최종 결과를 얻기 위해 더욱 노력하는 자세를 보인다.

이제 세심한 관심에 대해 알아보자. 목표를 이루기 위한 구체적인 여러 단계들을 명확하게 정리하고 강조해라. 만약 당신과 자녀의 장기 목표가 A대학에 입학하는 것이라면, 그 목표를 이루기 위해 필요한 수많은 단계들에 대해 분명하게 설명해야 한다. 예를 들면 자녀의 대학 진학을 위해 담당교사와 면담하기, 자녀의 재능을 나타내고 성적을 향상시킬 새로운 학습법이나 교재를 직접 선택하기, SAT 준비하기, 마지막으로 대학 캠퍼스를 방문해서 지원서와 자기소개서 작성하기 등이 포함된다. 42.195Km를 달리는 마라톤 선수는 도중에 수없이 많은 '장애물' 을 넘어야 결승선을 통과할 수 있다는 점을 잊지 마라. 그리고 처음과 마지막 구간을 달릴 때 사용하는 주법과 페이스 조절법이 다르다는 것도 명심해라. 마라톤 코스를 몇 개의 작은 구간으로 나눈다면 틀림없이 성공적으로 경기를 끝낼 수 있을 것이다.

장·단기 목표를 만드는 과정에 아이들을 적극적으로 참여시켜라. 그리고 '목표 노트'에 자신의 모든 목표를 기록하게 해라. 그러면 책임감과 성공할 수 있다는 자신감이 커질 것이다.

간섭이 아니라 관심이다!

마지막으로 중요한 것은 목표가 이뤄지기 위해서는 부모의 많은 격려와 책임감이 필요하다는 사실이다. 아이들은 자신이 현재 하고 있는 행동들이 미래에 어떤 영향을 줄지 예측할 수 있는 통찰력과 경험이 부족하기 때문이다. 아무리 완벽하고 정교하게 세워진 장기 목표라 할지라도 부모들이 잘 이끌어주지 않으면 아이들은 중도에서 포기하고 만다. 그러므로 아이들의 상태를 자주 확인해라. 그리고 목표가 바뀌지 않았는지 아이들과 지속적으로 대화해라. 당신의 그런 관심을 간섭이라고 생각해서 저항할 수도 있지만 자녀들의 목표설정 능력과 실행력을 점검하는 일은 그들의 성공을 위해서 절대 간과할 수 없는 부분이다.

당신이 바뀌어야 아이가 바뀐다

1. 장기 계획을 항상 염두에 둔 채, 성취가 가능한 단기 목표를 세워라. 물론 즐겁게 놀면서 그런 목표들을 달성해야 한다.

2. 당신의 자녀가 모방할 수 있는 성실함과 인내심, 세심한 관심을 보여줘라.

3. 장·단기 목표를 만드는 과정에 아이들을 적극적으로 참여시켜라. 그리고 '목표 노트'에 자신의 모든 목표를 기록하게 해라. 그러면 책임감과 성공할 수 있다는 자신감이 더욱 커질 것이다.

인기를 관리할 것인가,
미래를 관리할 것인가

나의 관심은 주로 미래에 있다. 여생을 거기서 보낼 테니.
— 무명씨

친구들로부터 인기 있는 학생이 된다는 것

아이들은 학교에서 어떤 학생이 되고 싶어 할까? 누구나 친구들에게 인기 있는 사람이 되고 싶어 한다. 그래서 아이들은 학교를 대표하는 풋볼 선수, 치어리더, 홈커밍 퀸(미국 고등학교에서 열리는 댄스파티에서 가장 인기 있는 사람으로 뽑힌 여학생 – 옮긴이)에게 열광하고, 그들을 부러워한다. 반면 반에서 항상 1등을 차지하는 아이는 '선생님의 애완동물' 이나 '아첨꾼' 이라는 시기와 비아냥거림의 대상이 되곤 한다.

이렇듯 아이들이 당면한 중요한 목표 중 하나는 친구들에게 인기 있는 사람이 되는 것이다. 성적도 우수하면서 친구들에게 인기 있다면 문제 될 게 없다. 하지만 인기는 있지만 성적이 낮은 학생과 성적은 우수하지만 인기 없는 학생 중 선택을 해야 한다면, 많은 아이들은 기꺼이 낮은 성적을 감수하면서도 인기 있는 사람이 되려고 한다. 친구들 사이에서 인기 있는 학생이 되는 것은 중요하다. 하지만 그들의 미래를 위해서 진정 중요한 것은 무엇인가?

물론 아이들이 매력적이고, 사교성이 풍부하며, 자신감 넘치는 사람을 부러워하는 것은 어쩔 수 없다. 하지만 나이가 들수록 그런 가치관은 변하지 않던가? 20대가 되면 사람들은 외모나 복장이 뛰어난 이들보다 훌륭한 교육을 받아 직업적으로 성공한 이들을 부러워한다. 3, 40대의 어른들은 좋은 집과 성공적인 직업을 가진 사람들을, 5, 60대는 자녀들을 대학까지 졸업시키고 충분한 노후자금을 확보한 상태에서 은퇴한 사람들을 부러워한다. 즉, 어느 순간부터 중학교나 고등학교 때 아주 중요하다고 생각했던 외모나 인기 같은 것들이 인생의 뒷전으로 밀려나게 된다.

지금 아이들이 어떤 선택을 하는가에 따라 학교를 졸업한 후의 인생이 좌우된다. 당신의 자녀가 인기 있는 학생이나 운동선수, 1등을 차지하는 학생이 될 수 없다고 말하려는 것이 아니다. 다만 우리는 많은 학생들이 인기 있는 사람이 되어야 한다는 강박관념 때문에 성적이 떨어지지 않기를 바랄 뿐이다.

외모나 인기에 치중하기보다 지성과 인격을 쌓는 것이 자존감(self-esteem)을 세우는 데 더 효과적임을 가르쳐라. 그럼으로써 자녀에게 학업적인 성취의 중요성을 강조할 수 있다.

부모가 원하는 대로 십대 청소년을 다루기란 쉬운 일이 아니다. 우리 부모님도 예외는 아니어서 제인을 다루는 데 상당히 애를 먹었다. 제인은 당시 다른 아이들과 마찬가지로 친구들과 몇 시간씩 전화로 수다 떨기를 좋아했다. 물론 제인도 학교 공부를 열심히 하는 것이 중요하다고 생각했다. 그러나 그녀는 언니가 고등학교 생활을 겉보기에 수월하게 해내는 것을 지켜봤기 때문인지, 그녀도 별다른 어려움 없이 학교 공부와 친구 사귀기를 잘 해낼 거라고 생각했다.

당신의 우선순위를 항상 체크해라

우리 가족은 제인이 고등학교에 올라가기 전에 미국에서 도쿄로 이사했으며, 부모님은 그곳에서 노텔 네트워크스와 IBM과 관련된 까다로운 일들을 맡고 있었다. 제인이 1학년에 다니는 몇 달 동안 부모님은 거의 모든 시간을 직장에 할애했으며, 매일 밤 늦게 돌아오곤 했다. 제인의 방과 후 생활이나 학교 공부를 돌봐줄 시간적, 정신적 여유가 없었다. 그때 부모님은 딸의 교육보다는 직장 일에 훨씬 더 몰두해야만 했다. 그것은 부모님의 우선순위가 자녀 교육에서 일로 바뀌었음을 의미하며, 결과적으로 제인의 우선순위도 바뀔 수밖에 없었다.

제인은 그 때까지 자신이 누리지 못했던 많은 자유를 만끽하게 되었다. 하지만 대부분 고등학생들이 종종 비합리적이고 성숙하지 못한 의사결정을 하듯이 제인도 예외는 아니었다. 점점 방과 후에 친구들과 보내는 시간이 많아졌다. 숙제나 공부를 제쳐놓고, 쇼핑을 하거나 음반 가게나 비디오 대여점에서 친구들과 시간을 보냈으며, 커피숍에서 노는 일이 잦아졌다. 일부 과목에서 성적이 떨어지고 있음을 알았지만, 그녀에게는 친구들과 노는 것이 가장 중요한 일이 되어버렸다.

하지만 제인의 그런 생활은 오래가지 못했다. 끊임없이 파티를 하고 공부를 소홀히 하면서 한 학기를 보낸 후에, 제인은 부모님이 한 번도 본 적이 없는, C학점이 2개나 포함된 성적표를 받아들고 왔다. 그리고 그것은 부모님의 정신없이 바쁜 일정 때문에 집에서 거의 시간을 보내지 못한 탓이라고 결론지었다.

부모님은 저녁 시간 이후에 되도록 집에 있으면서 선생님으로서 역할에 다시 충실하겠다고 선언했다. 우선 제인은 테니스 레슨이 없는 날에는 곧바로 집에 와서 직장에 있는 어머니에게 전화로 도착했음을 알려야 했다. 또 냉장고에 수업 시간표와 대략적인 시험 날짜를 붙여서 부모님이 그녀의 진도를 점검할 수 있도록 해야 했다. 그리고 밤이면 한두 시간씩 계속되던 제인의 전화 통화를 20분 이하로 제한했다.

무엇보다 부모님은 제인이 어려워하는 분야들의 성적을 향상시키길 원했다. 우선 부모님은 제인에게 몇 과목의 성적이 낮게 나온 이유와 그런 과목의 성적을 올리기 위해 필요한 전략은 무엇인지 이야기했다. 마침내 '성적 올리기 계획'에 대한 제인의 동의를 이끌어 낸 후 부모님은 몇 가지 지침을 정했다. 그러면서도 제인이 스스로 공부하면서 성적을 올릴 수 있도록 어느 정도 자유를 주었다. 이런 사례에서 볼 수 있듯이, 일방적으로 지시하기보다 서로 일정부분을 양보하면서 접근하는 방식이 십대들에게 훨씬 효과적이다.

과목별로 '성적 일지'를 작성해라. 그리고 자녀의 학습 진행과정을 정확하게 파악해라. 이를 통해서 성적 변화를 조기에 발견하고 대처할 수 있다.

제인은 부모님의 '보호 관찰'을 받으면서 집이라는 감호소의 죄수처럼 느꼈을지도 모른다. 타워레코드(음악을 무료로 들을 수 있는 음반 전문매장 - 옮긴이)에서 음악을 들으며 오후를 태평스럽게 보내던 시절이 아마도 그리웠을 것이다. 그녀는 수학과 과학에 방과 후 시간을 송두리째 바쳐야 했다. 그리고 부모님은 '일급보안수칙'을 시행하는 교도관처럼 행동했다.

한번은 제인이 20분의 전화 통화를 끝내고나서 친구인 저스틴으로부터 다시 전화가 왔다. 그녀는 규정을 무시하고 수화기를 들고 15분을 더 통화했다. 아버지는 제인이 규정을 위반한 사실을 알았지만 그럴 만한 이유가 있었는지 확인할 때까지 기다리기로 했다. 다음날 저녁, 제인이 이미 20분의 통화 시간을 모두 써버린 후에 다시 다른 친구의 전화가 걸려왔다. 그녀가 전화를 받으려할 때, 마침 그 옆을 지나던 아버지가 먼저 전화를 받았다. 아버지는 전화를 건 친구에게 제인이 통화할 수 없음을 알리고, 봄방학 때 다시 연락하라고 말하고서 단호하게 전화를 끊어버렸다. 제인은 마음이 상한 것은 물론이고 억울하기까지 했다. 이제 겨우 1월이 시작되었는데, 봄 방학까지 몇 달을 기다리라는 게 말이나 되는가?

다음 학기에 제인의 성적은 크게 올랐으며, 그때부터 그녀는 하루에 30~40분 정도 통화할 수 있게 되었다. 일 년 후, 제인은 부모님이 그런 식으로 자신을 도와준 것이 얼마나 고마운 일인지 알 수 있었다. 만약 그때 부모님이 간섭하지 않았다면 어떻게 되었을까 생각하면 눈앞이 캄캄해졌다. 학교 친구들로부터 많은 인기를 얻는다 해도 제 때에 훌륭한 교육을 받지 못한다면, 어른이 되었을 때 누가 개인적인 행복이나 경제적 안정을 보장해주겠는가?

아이의 걱정은 당신의 걱정과 다르다

대부분 아이들에게 청소년기는 '걱정으로 가득 찬' 시기이다. 어른들이 보기에는 사소할지 몰라도 아이들은 여드름을 없애는 피부 관리법이나 댄스파티에서 누구와 춤출지, 무슨 옷을 입고 학교에 갈지 항상 고민하고 있다. 아이들이 비록 그런 일을 당신에게 쉽게 털어놓지 않더라도 몇 마디의 격려와 관심을 보여준다면 그들에게 큰 도움이 될 수 있다. 청소년기는 누구에게나 힘든 시기이다. 부모들은 다른 아이들보다 성적이 우수해야 한다고 무조건 강요하기보다 고분고분하지 않은 자녀들과 앉아서 허심탄회하게 이야기함으로써 좋은 결과를 얻을 수 있다.

아이들은 학교에서의 '성공' 을 외모가 뛰어나고 인기 있는 친구들과 함께 다니는 것으로 생각하는 경향이 있다. 그러나 그것은 진정한 의미의 성공이 아니다. 당신은 우선 아이들이 학교에서 좋은 성적을 올리고 그들의 미래를 계획할 수 있도록 지적 토대를 확고히 만들어줘야 한다. 물론 이런 과정을 통해 아이들이 학습을 소중하게 여기도록 가르칠 수 있다.

그것은 정말 힘든 싸움이 되겠지만 당신의 노력에 따라서 어떤 보상이 뒤따를지 결정된다. 시간이 지날수록 아이들은 학교에서 얼마나 인기 있었는지를 중요하게 생각하지 않는다. 반면 자신들이 어느 대학에 갔으며, 그곳에서 무엇을 했는가에 따라서 인생이 좌우된다는 점을 차츰 알게 된다.

당신이 바뀌어야 아이가 바뀐다

1. 외모나 인기에 치중하기보다 지성과 인격을 쌓는 것이 자존감(self-esteem)을 세우는 데 더 효과적임을 가르쳐라. 그럼으로써 자녀에게 학업적인 성취의 중요성을 강조할 수 있다.

2. 과목별로 '성적 일지'를 작성해라. 그리고 자녀의 학습 진행과정을 정확하게 파악해라. 이를 통해서 성적 변화를 조기에 발견하고 대처할 수 있다.

SECRET 10

아이들은
칭찬을 먹고 자란다

아이들의 버릇을 고치려면 남들에게 그들을 칭찬해라.
대신 그 말을 아이들이 엿듣게 해라. ─ H. G. 웰스

우리는 앞장에서 아이들이 대중스타의 화려한 인기보다는 학업에서의 성공을 더 소중히 여길 수 있도록 부모들이 도울 수 있는 방법을 이야기했다. 이제부터는 당신이 이러한 목표를 실현하는 데 사용할 수 있는 강력한 무기라고 할 수 있는 '긍정적 강화'와 '보상'에 대해서 설명하려고 한다.

모든 부모와 교육자들은 긍정적 강화가 효과적이며, 또 학생이 뛰어난 성적을 거뒀을 때 그에 걸맞은 보상을 해야 한다고 알고 있다. 하지만 일부 부모들은 자녀의 성적이 떨어지면 혼을 내거나 심지어 체벌하는 경우도 있다. 이런 교육 방법은 단기적으로 아이들의 학교성적을 향상시킬 수 있을지 모르지만, 장기적으로 그들의 학습 의욕을 떨어뜨릴 뿐이다. 어떤 아이라도

마찬가지겠지만, 그들은 부모로부터 좀 더 많은 칭찬을 듣고 싶어 한다. 수학을 잘한다는 칭찬을 받은 소녀는 계속해서 그 칭찬을 듣기 위해 노력할 것이다. 또 축구를 잘한다는 칭찬을 받은 소년이 어느 날 갑자기 축구 연습이 따분하다고 투정하는 일은 없을 테니까.

부모의 긍정적 강화는 아이들의 자존감과 자신감을 더욱 북돋아준다. 자신이 이룬 성과에 대해 부모님의 칭찬이나 그에 걸맞은 보상을 받은 아이들은 이후에도 더욱 강한 자신감을 가지고 좋은 성과를 거둘 수 있다. 하지만 부모의 부정적인 말을 지속적으로 들은 아이들은 성공할 수 있다는 자신감을 잃기 쉽다. 그런 아이들은 불만과 실망에 가득찬 부모님의 태도를 통해, '내가 할 수 있는 일이 아무것도 없어'라고 낙담하기 때문이다.

'니모를 찾아서'보다 더 재미있는 다섯 단어 게임

수는 오랜 시간 5살짜리 조카와 함께 생활하면서 긍정적 강화가 아이의 태도에 얼마나 큰 영향을 미치는지 목격했다. 비디오를 보거나 바비 인형을 가지고 노는 것을 좋아하는 라일라. 그녀는 가끔 남동생을 괴롭히기도 하지만 대체로 밝고 쾌활한 꼬마이다. 라일라가 갓난아기일 때, 수와 그녀의 남편인 조는 라일라와 보드 게임을 하거나 디즈니 영화를 보면서 많은 시간을 함께 보냈다. 하지만 라일라가 유치원에 입학한 후, 수는 라일라에게 새로운 교육법을 적용해보고 싶었다.

라일라의 네 번째 생일이 지난 얼마 후, 수는 라일라와 함께 '다섯 단어'라는 게임을 했다. 라일라는 IT 회사에 다니는 아버지 덕분에 일찍부터 컴퓨터를 익숙하게 다룰 수 있었다. 세 살이 채 되기도 전에 마우스 다루는 법을 터득했을 정도다. 라일라는 수의 집에 올 때마다 자기가 좋아하는 디즈니 영화의 예고편과 만화 캐릭터인 킴 파서블Kim Possible의 비디오 게임을 인터넷에서 검색하겠다고 떼를 썼다. 수는 라일라의 이런 취미를 최대한 활용할 수 있는 방법으로 '다섯 단어'라는 게임을 만든 것이다.

수는 오락 게임과 비디오 예고편이 나오는 웹사이트를 검색하면서 라일라에게 가르칠 5개의 간단한 단어들을 골라냈다. 그리고 그 단어들을 복사해서 화면에 확대해 주고, 라일라가 도움을 받지 않고 그것을 읽을 수 있을 때까지 수와 함께 그 다섯 단어들을 반복해서 읽었다. 라일라가 읽기를 모두 마치면, 수는 예쁜 색종이에 5개의 단어를 인쇄해 라일라에게 선물로 주었다. 그러면 라일라는 자신의 부모와 할아버지, 할머니에게 이 종이를 보여주면서, 5개의 새로운 단어를 배웠다고 자랑하곤 했다.

그때부터 라일라는 '다섯 단어' 게임을 손꼽아 기다리기 시작했다. 라일라는 '니모를 찾아서'를 반복해서 보거나 바비 인형과 놀기보다 그 게임을 더 좋아했다. 그녀는 다섯 단어를 외울 때마다 어른들에게 칭찬 받음으로써 학습의 즐거움이 무엇인지 점차 느끼기 시작했다. 라일라가 단어 읽는 방법을 완전히 터득한 후, 그녀의 얼굴에는 자부심과 행복감이 확연히 묻어났다. 그 어린 소녀는 학습에 대한 내적 보상(자기만족)과 외적 보상(주변 사람들의 칭찬과 찬사)을 모두 얻었기 때문이다.

성적이 나쁜 아이도 때로는 칭찬받아야 한다

오늘날 대다수 미국인들은 긍정적 강화의 힘을 믿고 있을 뿐 아니라, 기회가 있을 때마다 자녀에게 즉각적으로 칭찬해줌으로써 실천에 옮기고 있다. 부모들이 긍정적 강화를 아이들에게 지속적으로 해주지 않으면, 아이들의 사기는 떨어지고 정서적으로 불안해질 수밖에 없다. 결국에는 성인이 돼서도 사회에 적응하지 못하게 된다. 그래서 부모는 아이들이 거둔 성과가 얼마 만큼인지 관계없이 그들이 최선을 다했다면 칭찬을 아끼지 않아야 한다. 아이가 C학점으로 가득 찬 성적표를 들고 오더라도 열심히 공부했다면, 부모는 전 과목이 A학점인 성적표를 받았을 때처럼 기뻐해야 한다.

무엇보다 노력하는 자세를 심어줘라. 그러나 성취의 중요성을 잊어서는 안 된다.

그러나 긍정적 강화의 힘을 무조건 신뢰해서는 곤란하다. 만약 당신이 어린 아이에게 ABC를 가르친다고 생각해보자. 많은 부모들은 아이들이 글자를 정확하게 지적할 때마다 칭찬하면서 박수를 치지만, 반면 실수에 대해서는 적당한 말로 얼버무리곤 한다. 그러나 이것은 잘못된 방법이다. 당신의 자녀에게 알파벳을 정확하게 외우는 것을 보상하는 일 못지않게 그들의 자존심에 상처를 주지 않고 잘못한 점을 알려줘야 한다. 그들의 노력을 칭찬해주면서도 올바르게 다시 외우도록 해야 한다.

예를 들어, 당신의 자녀가 알파벳을 올바르게 외우지만 계속해서 순서를 틀린다면 그 줄을 따라 뭔가를 말해주면서 "잘했어! 먼저 그 줄을 다시 한 번 읽어 볼래? 너는 할 수 있어." 이런 방법을 통해 당신은 잘한 부분에 대해 칭찬을 하면서 자녀의 실수를 알려주고, 제대로 외울 수 있는 방법을 스스로 찾도록 도와줘야 한다. 당신의 자녀가 스스로의 힘으로 모든 것을 올바르게 해냈을 때 얼마나 기뻐할지 상상해봐라.

자녀가 이룩한 성적이 평소 자신의 능력에 훨씬 못 미친다고 판단했을 때는, 칭찬과 함께 문제점을 지적해줘야 한다. 당신의 아들이 수학 시험에서 B⁺를 받은 것을 칭찬해주되, 가벼운 실수로 A학점을 받지 못했다고 지적해라. 즉, 당신이 아이의 노력을 자랑스럽게 생각하고 있지만 성적에 대해서는 만족하지 못했음을 감정에 치우치지 않고 그들에게 말해야 한다. 맹목적인 칭찬은 오히려 아이의 잠재 능력을 충분히 발휘하지 못하게 하는 장애물이 될 수도 있기 때문이다.

성적이 나쁘더라도 열심히 노력했다면 칭찬해라. 그러나 그 결과에 대해서는 만족하지 못했음을 감정에 치우치지 말고 아이들에게 표현해라.

당신이 바뀌어야 아이가 바뀐다

1. 무엇보다 노력하는 자세를 심어줘라. 그러나 성취의 중요 성을 잊어서는 안 된다.

2. 성적이 나쁘더라도 열심히 노력했다면 칭찬해라. 그러나 그 결과에 대해서는 만족하지 못했음을 감정에 치우치지 말고 아이들에게 표현해라.

SECRET 11

돈과 행복, 두 마리 토끼를
모두 잡을 수 있다

돈에 붙잡혀 있는 사람, 돈 걱정하며 사는 사람이
정말 가난한 사람이다. — 마더 테레사

부모가 된다는 것은 아마도 세상에서 가장 어려운 일일 것이다.
어떤 일이나 직업에서도 그렇게 많은 육체적, 정신적
노력과 희생을 요구하지 않는다. 대부분 전문직 종사
자들은 그 직업을 위해 고등학교 졸업 후에도 몇 년 동
안의 과정을 더 거쳐야 한다. 외과 의사는 수술을 집도
하기까지 최소한 13년의 시간을 견뎌야 한다. 그러나
처음 부모가 되는 사람들은 인생에서 가장 중요한 임
무를 수행하면서도 아무런 훈련도 받지 않는다. 그러
면서도 부모들은 자기 아이가 건강하고 정서적으로 안
정감 있으며, 스스로 동기부여 할 수 있길 바란다. 그
렇다면 어떻게 하면 자녀가 올바르게 나아가도록 격려
하고 이끄는 부모가 될 수 있을까?

당신의 선택이 틀릴 수도 있다

당신은 틀림없이 자녀의 건강과 행복을 최우선의 가치로 삼을 것이다. 자녀가 정신없이 일에 쫓겨 몸과 마음이 지친 사람이 되길 바라는 부모는 없다. 설령 대기업의 CEO가 된다 하더라도 말이다. 부모는 아이들에게 '우리는 너희가 행복하게 살기만을 바랄 뿐'이라고 말하곤 한다. 세상에 이보다 진심어린 말이 어디 있겠는가? 그러나 아이들이 생각하는 행복과 당신이 생각하는 행복이 다를 수 있음을 기억해라. 자녀가 앞으로 직업을 선택할 때, 부모가 바라는 직업과 그들이 가장 행복할 수 있는 직업이 서로 일치하지 않는다는 점을 알아야 한다.

자녀에게 간섭하거나 강압적으로 지시하는 것이 그들의 행복을 해칠 수 있다고 생각하는 부모들이 있다. 물론 이런 부모 밑에서 자란 아이들은 자신의 잠재력을 충분히 발휘하지 못하는 경우가 대부분이다. 비록 별 걱정 없이 즐겁게 어린 시절을 보냈을지라도 성인이 된 후, 그들이 자신의 직업에서 성취감이나 행복(많은 격려와 지도를 받았을 때 얻을 수 있는)을 찾기는 어려울 것이다.

반대로 자녀의 행복을 대단치 않게 생각하며, 아이가 스스로 행복할 수 있는 방법을 모른다고 단정하는 부모들이 있다. 그들은 자녀에게 강압적으로 진로를 지시해 주지 않으면 아이들이 불행해질 것이라고 생각한다. 그들은 정말 자신이 최선이라고 생각하는 것이 결국 자녀를 행복하게 해준다고 믿는다. 안타깝게도 그런 부모 밑에서 자란 아이들이 반드시 행복하거나 성공한다는 보장은 없다. 그들은 어려서부터 부모의 심한 강압과 통제를 받아왔기 때문에 청소년기에 반항하는 경향이 있다. 그런 아이들은 본능적으로 부모가 대신 선택하고 강요한 경로에서 벗어나려고 한다.

자녀의 직업 선택 과정에서 당신의 의견을 적극적으로 제시해라. 그러나 당신의 선택이 궁극적으로 자녀를 행복하게 만들 것이라고 단정하지 마라. 자녀의 행복과 당신이 옳다고 생각하는 것 사이에서 균형감각을 가져라.

부모들은 왜 의사와 변호사를 좋아할까?

미국 노동부에 따르면, 최고의 보수를 받는 사람은 소수 전문직 종사자에 불과하다. 외과 의사나 산부인과 의사를 포함한 전문의는 일곱 번째로 많은 보수를 받는 직업이다. 그리고 판사는 9위, 변호사는 12위이다. 20위 안에 포함된 다른 전문직종은 컴퓨터 및 정보시스템 관리자, 다양한 전문 엔지니어와 CEO 등이 있다.

이런 직업들에는 공통점이 있다. 즉, 지적인 자극과 충분한 금전적 보상이 따른다는 것이다. 최고의 보수를 받는 이런 직업은 또한 그 일을 하기 위해 필요로 하는 교육 수준이 높다. 고등학교 졸업장만으로 의사나 변호사, 전문 엔지니어, CEO가 될 수 없지 않은가?

부모들은 지적인 자극과 충분한 금전적 보상이 뒤따르는 직업을 자녀에게 권한다. 하지만 이런 직업에 종사할 때까지 보내야 하는 길고도 혹독한 교육 기간 때문에 많은 이들이 도중에 좌절하기도 한다. 수는 의사가 되기 위해 3일에 하루 꼴로 병원에서 밤을 지새운 반면, 다른 직업을 선택한 그녀의 친구들은 자유를 만끽했다. 제인이 변호사 시험을 준비하는 동안, 그녀의 친구들은 파티에 열중해 있었다. 우리가 그럴 수 있었던 것은 부모님이 우리에게 가르쳐준 학습에 대한 감사와 애착심이 안정적인 직업을 보장한다고 믿었기 때문이다.

자녀와 직업 선택에 대해 어릴 때부터 자주 대화해라. 그리고 직업에 대해 본받을 점이 많고 조언해 줄 만한 사람과 만나게 해라. 지적 성취감이 있고 경제적으로 안정된 직업을 강조해라.

경제적 안정을 통해 얻을 수 있는 만족과 행복을 과소평가하는 사람은 아무도 없을 것이다. 생활비를 벌기 위해 일할 때 사람들은 심리적으로 많은 압박을 받는다. 그러나 그것을 극복해야만 경제적인 안정을 통해 심리적인 여유를 가지며, 당신의 가족이 보다 즐거운 마음으로 다른 일에 집중할 수 있다. 무엇보다 중요한 것은 높은 교육 수준이 경제적 안정이란 요소와 결합되면 놀라운 성공을 거둘 수 있다는 점이다. 교육은 결코 시간낭비나 금전적 손실이 아니다. 그것은 다양한 기회를 줄 뿐 아니라, 평균적인 수준의 사람이 갖지 못하는 능력을 제공함으로써 당신이 경제적인 안정을 얻을 수 있도록 도와 준다.

직업을 선택할 때 고려해야 할 두 가지

그렇다면 부모들은 어떻게 하면 교육과 경제적 안정 사이의 상관관계를 가르칠 수 있을까? 삶 자체가 학습과 교육의 연속이었던 우리 부모님조차도 딸들이 올바른 진로를 선택하도록 하는 데 어려움을 겪었다. 수는 어려서부터 자신이 의사가 되고 싶어 한다는 것을 알고 있었지만, 제인은 그렇지가 않았다.

제인은 국제관계학 학위를 받고 대학 졸업을 불과 일 년 남겨둔 시점에서 장래 직업에 대한 계획을 세웠다. 물론 그녀는 자신이 하고 싶은 것과 잘할 수 있는 것을 알고 있었다. 그녀는 글쓰기, 새로운 언어와 문화를 배우는 것, 사회적으로 혜택 받지 못하는 사람을 도와주기 좋아했다. 하지만 우리 부모님은 제인의 장래 계획에 대해 재촉하기 시작했다. 그러면 제인은 글 쓰는 일을 할 것이며, 잡지사에 다니면서 목표를 이루겠다고 퉁명스럽게 대답하곤 했다.

제인의 계획에 동의하지 못한 부모님은 그녀의 강점과 약점, 적성에 대해 깊이 고민한 후, 법대에 진학하는 것이 어떻겠냐고 제안했다. 그리고 대학 졸업 후에는 더 이상 금전적인 도움을 줄 수 없다고 못 박았다. 제인은 곧 자신이 대안을 세우지 않으면 어떤 목표도 이룰 수 없음을 깨달았다. 결국 제인은 몇 곳의 법대에 지원한 후 여러 대학에서 입학 허가를 받아냈다.

그 당시 제인은 부모님이 독단적이라며 강한 불만을 표시하곤 했다. 제인은 부모님이 자신의 진정한 행복을 빌어주지 않고, 가족 중에 의사와 변호사가 있다는 사실을 자랑하려는 게 아니냐고 따지곤 했다. 그러면서 자신을 혼자 있게 내버려두고 자신의 진정한 행복을 빌어달라고 했다. 당시 제인의 주변에는 서점이나 커피숍, 레스토랑 같은 데서 일하는 친구들이 많았다. 그 친구들의 부모들과 달리 우리 부모님은 왜 제인이 그런 일을 하도록 내버려 두지 않았을까?

대답은 아주 간단하다. 우리 부모님은 다른 부모들과 달랐기 때문이다. 그때 제인은 부모님의 생각에 동의하지 않았지만, 부모님은 제인이 지적인 자극과 경제적인 안정이 없다면 불행해질 거라고 생각했다. 제인이 제안했던 직업 중에는 두 가지를 모두 충족시키는 것이 하나도 없었다. 그녀는 여행이나 전통 음식, 브로드웨이 쇼를 좋아했는데, 만약 그녀가 충분한 월급을 받지 못한다면 어떻게 그것들을 모두 즐길 수 있겠는가? 부모님은 이 점을 염려했던 것이다.

물론 높은 수준의 교육이 필연적으로 많은 수입을 보장한다고 말하려는 것이 아니다. 실제로 우리는 일상생활에서 이것과 상반된 현실을 목격하곤 한다. 우리는 매일같이 TV에서 고등학교 밖에 졸업하지 않고도 일 년에 수백만 달러를 벌어들이는 가수나 배우, 운동선수들을 보지 않는가? 하지만 당신은 아이들에게 그들의 경우는 예외적이라는 것을 설명해야 한다. 가수나 영화배우를 꿈꾸는 대부분의 사람은 그들의 꿈을 이루지 못한다고. 반대로 충분한 교육을 받은 사람들은 학업적인 성취를 이루고, 금전적으로도 충분히 보상이 따르는 직업을 가질 기회가 많아진다고 가르쳐야 한다.

자녀가 최고의 직업을 갖길 바란다면 그들이 좋아하는 것과 잘하는 것, 그들의 흥미를 자극하는 것이 무엇인지 찾아라. 그리고 성공한 대중스타는 예외적인 경우라고 분명히 가르쳐라.

제인은 어떻게 해서 변호사가 되었을까? 사실 제인과 부모님은 모두 그녀가 법대에 진학한다는 것을 두려워했다. 부모님이 자신의 인생을 통제하려 한다고 느낀 제인은 법대 입학을 일 년 후로 미루고, 그런 교육을 받지 않고도 직업적인 만족과 경제적인 안정을 얻고, 행복할 수 있다는 것을 사람들에게 보여주기로 결심했다.

부모님의 생각이 잘못되었다는 것을 입증하기 위해 제인은 뉴스레터 편집, 테이블 서빙과 사무 보조 등의 일을 닥치는 대로 했다. 그러나 제인은 자신의 인생에서 최고라던 그 해, 몇 달 동안 저축한 돈을 금세 바닥내고 말았다. 금전적으로 곤란해졌다는 것보다 낙천적이던 제인이 매사에 초조해졌다는 데 문제가 있었다. 제인은 자신에게 꼭 맞는 직장이라고 생각한 광고회사와 무역관련 잡지사의 면접을 봤지만 결국 대학원 학위를 가진 다른 지원자에게 밀렸다.

두 번째 면접에서 퇴짜를 맞은 직후, 제인은 공부를 더 해서 새로운 직업을 갖길 원했고, 결국 다음 해에 법대에 등록했다. 물론 제인이 템플 법대에서 보낸 3년이 항상 즐겁고 재미있었다고 할 수 없다. 하지만 그녀가 현재 가지고 있는 직업에 만족하고 감사한다는 것만큼은 확실하다.

자녀가 좋아하는 일을 직업으로 택한다 할지라도 경제적 불안 때문에 생길 수 있는 정신적, 물질적 피해를 염두에 두라고 가르쳐라.

교육의 가치는 교육을 넘어선다

마지막으로 우리는 경제적 안정 이외에 교육을 통해 얻을 수 있는 다른 이점을 말하고자 한다. 학습에 대한 열정만 충만하다면 교육은 사람에게 큰 기쁨을 준다. 학습을 사랑하는 마음은 인생 최고의 선물임이 틀림없다. 무엇보다 그것은 아무런 대가를 요구하지 않으며, 인종이나 사회적·경제적 지위에 따라 차별하지도 않는다. 또 모든 사람이 이룰 수 있으며, 그 기회가 끊임없이 주어지기 때문이다.

우리가 항상 인용하기 좋아하는 오프라 윈프리의 말이 있다. 교육과 그것을 통해 얻은 개인적인 부와 성장의 신봉자인 오프라는 '아는 것이 힘이다'라는 말을 자주 한다. 오프라에 따르면, 교육은 갇힌 마음을 자유롭게 하며, 새로운 세계의 문화와 믿음, 종교를 접할 수 있는 기회를 준다. 그리고 교육은 무지와 두려움에 맞서 싸울 수 있는 힘의 원천이라고 말한다.

교육은 또한 가치관과 정서가 비슷한 사람들을 맺어준다. 대학에서 우리는 우리와 마찬가지로 남다르게 살기를 원하는 친구들과 강한 유대를 형성할 수 있었다. 비록 인종이나 문화, 사회적·경제적 지위는 달랐지만 우리는 모두 보다 높은 수준의 교육을 추구하고 사랑한다는 점에서 같았다.

우리는 대학과 대학원에서 최고 수준의 교육을 받았다. 그것은 사회와 인류가 필요로 하는 독특한 능력을 습득할 수 있는 특권이다. 우리는 그 과정에서 서로 다른 문화적 배경과 믿음을 가진 수없이 많은 사람들과 친구가 되었으며, 우리가 살고 있는 세계에 대한 가치관과 지식을 확장했다. 교육을 통해 얻은 금전적 보상보다 이것이 교육의 가장 위대한 업적일지도 모른다.

당신이 바뀌어야 아이가 바뀐다

1. 자녀의 직업 선택 과정에서 당신의 의견을 적극적으로 제 시해라. 그러나 당신의 선택이 궁극적으로 자녀를 행복하 게 만들 것이라고 단정하지 마라. 자녀의 행복과 당신이 옳다고 생각하는 것 사이에서 균형감각을 가져라.

2. 자녀와 직업 선택에 대해 어릴 때부터 자주 대화해라. 그 리고 직업에 대해 본받을 점이 많고 조언해 줄 만한 사람 과 만나게 해라. 지적 성취감이 있고 경제적으로 안정된 직업을 강조해라.

3. 자녀가 최고의 직업을 갖길 바란다면 그들이 좋아하는 것 과 잘하는 것, 그들의 흥미를 자극하는 것이 무엇인지 찾 아라. 그리고 성공한 대중스타는 예외적인 경우라고 분명 히 가르쳐라.

4. 자녀가 좋아하는 일을 직업으로 택한다 할지라도 경제적 불안 때문에 생길 수 있는 정신적, 물질적 피해를 염두에 두라고 가르쳐라.

SECRET 12

아빠의 연봉은
아이들에게 비밀이다

나는 바람이 부는 방향을 바꿀 줄은 모르지만
목적지에 도달하기 위해 돛을 다룰 줄은 안다. ─J. D. 샐린저

부모는 자녀가 경제적으로 안정된 직업에 종사할 수 있도록 북돋

아줘야 한다. 하지만 돈을 성공의 유일한 혜택으로 받
아들이지 않도록 해야 한다. 당신의 아이들이 넉넉한
급여만을 추구한다면 결코 진정한 성공을 이룰 수 없
다. 그러나 부유한 가정의 아이들은 정반대의 일이 일
어나지 않도록 주의해야 한다. 즉, 경제적으로 안정된
가정 형편이 오히려 학업에 대한 성취욕을 저하시킬 수
있기 때문이다. 이처럼 경제적 안정과 학업에 대한 성
취욕 사이에는 어떤 식으로든 관련이 있기 마련이다.

아빠의 연봉은 아이들에게 비밀이다

　수는 고등학교를 다닐 때부터 자신은 외과 의사가

되겠다고 결심했다. 과학(특히 생물학)을 좋아했고 재능도 있었지만, 무엇보다 의사의 수입이 다른 직업에 비해 월등히 많기 때문이기도 했다. 수는 적은 보수로 하루하루를 힘겹게 살고 싶지 않았다. 그녀는 적어도 3년에 한 번쯤은 휴가를 갈 수 있어야 한다고 생각했다. 그것도 집 근처에 있는 해변이 아니라 싱가포르나 태국, 그리스처럼 이국적인 곳으로.

아버지는 평생 컴퓨터와 관련된 일을 했으며, 풍족하지는 않지만 모자람 없는 급여를 받고 있었다. 어머니도 컴퓨터 프로그래머가 되려고 했으나 집에 머물면서 우리를 키우는 일에 전념하기로 했다. 아버지는 반드시 필요한 것에 대해서는 아낌없이 돈을 썼지만, 케이블 TV를 설치하거나 최신으로 유행하는 옷을 사주는 데는 인색했다. 근사한 레스토랑에서 저녁을 먹는 일도 드물었다. 우리 기억에 어머니는 항상 할인쿠폰을 잘라 모으곤 했으며, 아버지는 잔돈이 생길 때마다 유리컵에 그것들을 모아 두었다.

또 우리는 용돈으로 일주일에 1달러씩 받았지만, 친구들에게는 다른 아이들처럼 5달러씩 받는다고 거짓말하기도 했다. 부모님이 빠듯한 생활비로 가족을 부양하기 위해 애쓰는 모습을 보면서 우리도 어렵게 버는 돈의 소중함을 어렴풋이 알게 되었다. 지금도 제인은 길거리에 1페니가 떨어져 있는 것을 본다면 그냥 지나치지 않을 것이다.

우리 가족의 재정 상황은 수가 존스홉킨스 대학을 다니던 첫해에 바뀌었다. 아버지는 일본 도쿄에서 회사의 프로젝트를 맡아 달라는 제안을 받았다. 아버지는 그곳에서 2, 3년 동안 머무를 것이며, 그동안 일상생활에 필요한 모든 비용은 회사에서 지불하기로 했다. 그러면서 노스캐롤라이나에 있는 우리 집의 융자금을 모두 갚을 수 있게 되었다. 더욱 놀라운 것은 아버지의 봉급이 두 배 이상으로 올랐다는 사실이다.

그런데 우리는 그 사실을 몇 년이 지나서야 알았다. 부모님은 그 전에 비해 상당히 많은 돈을 벌어들였지만, 전과 다름없이 행동했다. 부모님은 제인이 그토록 입고 싶어하던 디자이너의 옷을 결코 사주지 않았다. 의대 입학 허가를 받은 수만 새 차 한 대를 받았을 뿐이었다. 그렇다고 수가 받은 도요다 텔셀이 사치스러운 것은 아니었다. 부모님은 결코 우리들에게 많은 용돈을 주거나 갖고 싶은 것을 모두 사주지 않았다. 만약 대학에 다니면서 수가 다른 아이들처럼 많은 용돈을 받았다면 공부를 게을리 했을지도 모른다. 게다가 스스로 돈을 벌어야 한다는 동기부여도 그만큼 약해졌을 것이다.

부자 아빠와 가난한 아빠의 교육법

그렇다면 경제적으로 여유롭지 못한 부모는 자녀가 학업에서 성공하도록 동기부여하기에 더 유리한가? 우리는 그렇다고 생각한다. 가정 형편이 넉넉한 편이 아니라면 적은 돈에도 감사하는 마음과 직업에서 얻는 금전적 보상을 아이들에게 쉽게 가르칠 수 있다. 그렇다고 해서 가난한 것이 모든 아이들에게 좋다는 뜻은 아니다. 물론 책을 사주거나 많은 돈이 드는 적절한 교육을 받도록 하려면 어느 정도 돈이 반드시 필요하다. 그러나 결코 당신이 감당할 수 없을 만큼은 아니니 안심해라.

돈만을 좇는 아이들은 결코 학업과 직업에서 진정한 의미의 성공을 거둘 수 없다. 앞에서 이미 설명한 것처럼, 학습에 대한 애착심과 돈에 대한 존중이 결합될 때 아이들은 비로소 자부심이 강하고 교양 있는 어른으로 성장할 수 있다. 돈만을 추구하도록 배워 정작 교육의 참된 의미와 가치를 존중하지 못하는 아이들은 훌륭한 직업을 갖기 위해 필요한 인내심을 결코 가질 수 없다. 그런 아이들은 머릿속에 온통 뜻밖의 횡재와 벼락부자가 되는 불행한 계획들로 가득 차 있기 때문이다.

그러면 부유한 부모들은 어떻게 해야 하는가? 오랫동안 열심히 일하고 희생을 감수하면서 많은 재산을 축적한 부모들에게 자녀의 미래를 위해 작은 집에서 생활하라고 조언할 수는 없는 일이다. 부유한 부모들은 자녀에게 가능한 한 많은 혜택과 기회를 만들어줘야 한다. 즉, 자녀들이 최고의 학교 교육을 받을 수 있도록 하며, 학습에 필요한 것들을 아낌없이 확보해줘야 한다. 그러나 많은 재산을 가지고 있으면 그만큼 게을러지고, 동기부여가 어려우며, 아이들의 성격이 비뚤어질 수도 있음을 기억해라.

당신이 중산층이라면, 자녀에게 개인적인 성취감을 느낄 수 있고 금전적인 보상이 충분히 뒤따르는 직업에 종사하도록 격려해라. 그리고 행복은 경제적인 안정과 어느 정도 관련 있다는 점을 가르쳐라.

대학교 때부터 수와 친하게 지냈던 데이브라는 친구는 유복한 중국계 미국인 가정에서 태어났다. 그의 부모님은 몇 년 동안 해외에서 일했으며, 데이브가 대학교에 입학할 때쯤에는 굉장히 많은 재산을 축적했다. 그는 자기 돈을 한 푼도 늘이지 않고 대학에 입학할 수 있었으며(존스홉킨스는 등록금이 싼 학교가 아니다), 영화나 여행, 근사한 레스토랑의 식사비용을 위해 여러 장의 신용 카드를 갖고 있었다.

데이브는 멋있고 점잖은 청년이었으며, 부모님이 자신에게 베푼 학습의 기회에 대해 늘 감사하는 마음을 가지고 있었다. 하지만 그는 유망한 직업과 경제적 안정을 위해 열심히 노력하고 싶은 의욕이 없었다. 설사 그가 의대에 들어가지 못한다고 하더라도, 그의 부모님은 그를 뒷받침해줄 수 있는 충분한 돈이 있었다. 즉, 예상치 못한 일이 그에게 일어나면 틀림없이 부모님은 비용을 지원해줄 것이라 믿었다.

수는 데이브에게 학과 공부에 더 힘쓰고 돈 씀씀이를 줄이라고 충고했지만 그는 그녀의 충고를 듣지 않았다. 데이브는 수강 과목을 이수하고 학위를 받는 데 필요한 노력을 충분히 하지 않았다. 결국 '예상치 못한 일'이 일어나고 말았다. 4학년이 끝날 무렵, 모든 의대에서 그의 입학을 거부했던 것이다.

대학 졸업 후, 3년 동안 데이브는 임금이 낮은 직업을 전전하면서 생활을 꾸려나갔다. 역설적이게도 그의 부모님이 생활비 지원을 중단하고 나서야 그는 은행 대출을 받아 석사학위를 취득할 수 있었다. 결과적으로 부모님이 항상 그에게 금전적 지원을 해주었기 때문에 경제적인 안정의 필요성을 인식하지 못하고 동기부여조차 불가능했던 것이다. 데이브는 현재 내과 의사로 열심히 일하고 있다.

당신이 부유하다면, 경제적인 안정이 아니라 학업적인 성취를 동기부여의 수단으로 삼아라. 즉, 자존감과 가족에 대한 자부심, 학습에 대한 애착, 보다 높은 수준의 교육과 그것을 통해 얻는 능력에 대한 존중, 목표를 설정하고 그것을 성취하는 데서 느끼는 만족감 등을 심어줘라.

장기적인 안목에서 돈을 관리해라

우리는 앞에서 경제적으로 부유한 부모들은 그만큼 직업에 대한 동기부여가 부족한 자녀로 만들 수 있음을 지적했다. 동기부여가 부족한 아이들은 목표에 대한 집중력이나 열정이 떨어지기 마련이다. 당신의 자녀가 성공하길 바란다면 되도록 많은 동기부여를 해라. 케이시라는 중국계 미국인 친구에 관한 이야기는 동기부여의 중요함을 일깨워줄 것이다.

케이시는 수의 대학 친구 중 한 명이다. 그녀는 중국인 이민자 가정에서 태어났으며, 그녀의 부모님은 컴퓨터 소프트웨어 프로그램을 개발해서 큰돈을 벌었다. 그녀의 부모님은 여전히 취미 삼아 다양한 컴퓨터 프로그램을 만들고 있었지만, 더 이상 돈벌이를 위해 하루종일 일할 필요는 없었다.

케이시의 부모님은 상당한 재산을 축적했지만, 데이브의 부모님과 달리 딸이 교육과 돈의 가치를 알아야 한다고 생각했다. 어린 시절 케이시의 집은 화려하거나 사치스럽지 않았다고 한다. 그녀의 부모님은 물론 더 큰 집에서 살면서 해외여행을 자주 떠나고 싶었지만, 평범하게 생활하면서 일 년에 한두 번 가족 휴가를 다녀오는 것으로 만족했다. 또 케이시의 부모님은 그녀의 돈 씀씀이를 제한했다. 그녀는 대학을 졸업할 때, 부모님이 자신의 모든 학자금 대출을 갚아 주는 것을 보고서야 자신의 집이 얼마나 부유했는지 알았다고 한다.

> 당신의 자녀가 대학 등록금 전부는 아니더라도 일부를 마련하도록 해라. 그러면 열심히 일한 대가에 감사하는 마음을 자녀에게 일깨워줄 수 있다.

케이시의 부모님은 경제적 안정이 두 딸에게는 큰 문제가 아니라는 점을 알고 있었다. 그래서 그들은 자녀들이 학교에서 좋은 성적을 얻으려면 다른 동기부여가 필요하다고 생각했다. 케이시의 부모님은 읽고 쓰는 것부터 중국어, 산수, 피아노에 이르기까지 두 딸을 가르치면서 시간을 보냈다. 이를 통해 케이시는 자신의 교육이 부모님에게 얼마나 중요하며, 그들에게 자신이 어떤 존재인지 알 수 있었다. 물론 케이시의 부모님은 딸들의 교육에 아낌없이 투자했다. 딸들이 다른 사람보다 더 앞설 수 있기를 바랐기 때문이다.

케이시가 뉴욕에서 외과 의사로 일하게 되고, 케이시의 동생이 엔지니어링 학위를 받은 후에 비로소 그들의 부모님은 집을 팔고 수영장과 테니스장이 갖춰진 멋진 집으로 이사했다. 우리가 SECRET 3에서 논의한 바와 같이, 케이시의 부모님은 딸들의 학업적인 성공을 위해 자신들의 만족, 즉 사치스러운 생활을 뒤로 미뤘던 것이다.

부유한 가정의 부모들도 자녀에게 학업적인 성취를 충분히 북돋우고 동기부여를 할 수 있다. 당신이 많은 돈을 가진 행운아라면, 장기적인 안목에서 돈을 관리하는 것이 중요하다. 자신들이 누리는 행운에 대한 감사와 겸손을 보여주는 부유한 부모들이라면, 성공적인 아이들을 키울 수 있는 더 좋은 기회를 가진 셈이다. 이런 부모의 아이들은 경제적 안정이 힘든 노력과 헌신을 통해 얻어진다는 것을 배울 수 있다. 결국 그들은 부모들처럼 행복과 성취를 이끌어낼 것이다. 집에서 자기 멋대로 지내는 아이들은 학습의 어려움을 극복하는 데 적극적으로 노력하지 않는다는 점을 잊지 마라. 또한 당신의 자녀가 돈만으로 힘과 존경, 특권을 모두 누릴 수 있다고 믿게 해서는 안 된다. 최소한 당신의 자녀에게서 이런 오만함이 싹트도록 하지 마라.

사치스러운 생활을 자녀에게 보여준다면, 그들에게 만족지연 능력을 가르치기가 어려워진다. 아이들이 보는 앞에서 보다 검소하게 생활해라. 그래야만 아이들에게 높은 수준의 교육이 경제적 안정을 위한 가장 효과적인 수단이라고 가르칠 수 있다.

진정한 성공은 주어지는 것이 아니다

물론 원하는 만큼 돈을 가진 부유한 부모들은 자녀들이 누릴 수 있는 물질적 혜택을 제한할 필요는 없다. 하지만 아이들이 자신의 힘으로 삶을 꾸려나가면서 맛볼 수 있는 짜릿함을 빼앗지 마라. 열심히 일해서 얻은 성공은 누군가로부터 주어진 성공보다 훨씬 달콤하다.

우리는 지금까지 경제적 배경이 다르지만 성공적인 아이들을 키워낸 부모들에 대해 이야기했다. 부모에게 가장 중요한 일은 재산의 많고 적음에 상관없이 열심히 일하고 공부한 대가만이 아이들의 몫임을 가르치는 것이다.

당신이 바뀌어야 아이가 바뀐다

1. 당신이 중산층이라면, 자녀에게 개인적인 성취감을 느낄 수 있고 금전적인 보상이 충분히 뒤따르는 직업에 종사하도록 격려해라. 그리고 행복은 경제적인 안정과 어느 정도 관련 있다는 점을 가르쳐라.

2. 당신이 부유하다면, 경제적인 안정이 아니라 학업적인 성취를 동기부여의 수단으로 삼아라. 즉, 자존감과 가족에 대한 자부심, 학습에 대한 애착, 보다 높은 수준의 교육과 그것을 통해 얻는 능력에 대한 존중, 목표를 설정하고 그것을 성취하는 데서 느끼는 만족감 등을 심어줘라.

3. 당신의 자녀가 대학 등록금 전부는 아니더라도 일부를 마련하도록 해라. 그러면 열심히 일한 대가에 감사하는 마음을 자녀에게 일깨워줄 수 있다.

4. 사치스러운 생활을 자녀에게 보여준다면, 그들에게 만족지연 능력을 가르치기가 어려워진다. 아이들이 보는 앞에서 보다 검소하게 생활해라. 그래야만 아이들에게 높은 수준의 교육이 경제적 안정을 위한 가장 효과적인 수단이라고 가르칠 수 있다.

SECRET 13

공부벌레와 팔방미인은
정답이 아니다

좋아하는 일을 직업으로 삼아라.
그러면 평생 억지로 일할 필요가 없다. – 중국 속담

요즘 아이들은 부모 세대의 유년시절보다 바쁜 나날을 보내고 있
다. 학교에 들어가기 전부터 운동과 악기, 외국어 등
다양한 과외 활동을 한다. 우리는 최근에 무려 열세 가
지 과외 활동에 참여하고 있는 고등학교 2학년 학생을
만난 적이 있다. 그녀는 수영과 배구 선수로 활동하고
토론과 과학, 수학과 관련된 모임 등에 참여한다고 했
다. 또한 일주일에 한 번씩 병원과 요양원에서 자원봉
사 활동을 하며, 수요일 저녁마다 성경공부 모임에 나
간다는 것이다. 우리가 도대체 왜 그렇게 많은 일을 한
꺼번에 하느냐고 그 이유를 묻자, 그녀는 담담한 어조
로 당연하다는 듯이 대답했다. "저는 그런 활동들을 모
두 해야 해요. 하버드 대학에 입학하려면 어쩔 수 없잖
아요?"

하버드 대학은 이런 학생을 원한다?

사실 하버드 대학 같은 명문대학의 입학 허가를 받는 일은 예전보다 더 어려워졌다. 대학들은 과외 활동을 전혀 하지 않고 인격도 갖추지 못했으면서 A로만 가득 찬 성적표와 높은 SAT시험 점수만을 제시하는 학생을 더 이상 원치 않는다. 그보다 다양한 과외 활동에 참여하면서 탁월한 개성을 갖추고 성적이 우수한 학생을 더 원하고 있다.

그렇다면 평균 4.0 이상의 학점과 SAT에서 고득점을 받길 원하는 것이 잘못됐단 말인가? 물론 그렇지 않다. 다양한 과외 활동이 교육 과정에서 벗어나지 않고 그 활동을 충실하게 해낸다면 문제될 게 없다.

그러나 정기적으로 세 가지 이상의 과외 활동을 하면서 그것을 온전히 즐기고 다른 사람보다 뛰어나기란 쉽지 않다. 예를 들어, 수가 최고의 외과 의사와 작가, 피아니스트, 테니스 선수가 동시에 된다는 것은 거의 불가능하다. 수는 수술하는 법을 배우는 동안 글쓸 수 있는 시간은 하루에 한 시간도 채 되지 않았으며, 피아노 연습도 30분 이상 하기가 어려웠다. 더욱이 매일 테니스를 즐긴다는 것은 그녀에게 꿈같은 이야기였다. 수는 피아노나 테니스, 글쓰기 능력보다 유능한 외과 의사가 되는 것이 더 중요하다고 생각했다. 그래서 외과 의사로서의 능력은 향상되었지만 다른 능력들은 더 나아지지 않았다. 수는 모든 분야에서 최소의 노력과 시간을 투자해 높은 수준을 유지하길 바랐지만, 자신이 원하는 대로 되지 않았다. 당신이 만약 몇 가지 분야에서 아주 뛰어난 사람이 되거나 모든 분야에서 평범한 사람이 되는 것 중 어느 한 쪽을 선택할 수 있다면 어떻게 하겠는가?

팔방미인이 되는 것은 어느 분야에서도 최고가 되기 힘들다는 뜻이다.

팔방미인을 꿈꾸지 마라

아이들이 학교 숙제와 두세 가지 과외 활동에 집중할 수 있도록 도와줘라. 가고 싶은 대학에 입학하기 위해 반드시 수많은 활동에 참여할 필요는 없다고 생각한다. 더욱이 요즘 대학은 그저 그런 과외 활동을 다양하게 한 학생보다는, 유별날지라도 한 가지 활동에 아낌없는 열정과 재능을 보인 학생을 원한다. 예를 들어 학교에서 만화책을 손수 발행한 학생은, 토론이나 수학 같은 다양한 활동에 참여했지만 어느 것에서도 두드러지지 못한 소녀보다 대학이 원하는 인재상에 더 가깝다.

아이들에게 적합한 과외 활동을 골라주기 위해서는 무엇을 고려해야 할까? 우선 그들이 열정적으로 몰입할 수 있는 일을 찾아야 한다. 그러기 위해서는 자녀에게 어려서부터 다양한 활동을 접할 수 있는 기회를 만들어줘라. 부모님은 우리에게 어려서부터 가족과 함께 골프와 테니스, 배드민턴, 수영 등을 배울 수 있도록 했으며, 이를 통해 우리가 골프보다 테니스에 더 재능과 관심이 있다는 것을 알았다. 그러나 당신의 자녀가 정기적으로 세 가지 이상의 과외 활동에 참여하고 있다면, 아마 어느 것에서도 뛰어난 재능을 발휘하지 못하며, 결코 그 활동이 즐겁다고 생각하지 않을 것이다.

아이들에게 한꺼번에 많은 과외 활동을 부여하면 무슨 일이 일어날까? 수는 고등학교 때 테니스와 피아노, 병원 자원봉사 등의 과외 활동을 했다. 3시 30분경에 수업이 끝나면 가벼운 식사를 끝내고, 테니스 연습에 필요한 복장으로 갈아입었다. 테니스 연습은 보통 5시 30분까지 계속되었기 때문에 그녀가 집에 돌아오는 시간은 저녁 6시였다. 테니스 시합이 있는 날이면, 수는 7시 30분이 되서야 집에 올 수 있었다. 대개 가족과 함께 하는 저녁 식사는 7시(시합이 있는 날이면 8시)까지였으며, 설거지가 끝나면 7시 30분이 되었다. 수는 매일 저녁 7시 30분부터 8시까지 피아노 연습을 했으며, 일주일에 한 번은 피아노 교사에게 개인 교습을 받았다. 그렇기 때문에 수는 8시나 9시쯤 겨우 자신의 숙제를 할 수 있는 시간이 생겼다. 게다가 숙제의 양이 많기 일쑤여서, 그것을 끝내려면 보통 한 시간이 넘게 걸렸다. 숙제가 끝나면, 학교수업 이외의 공부를 30분에서 한 시간 정도 더 했다. 이런 일정은 9시 30분에서 10시까지 빡빡하게 진행되었으며, 그녀가 잠시 TV라도 볼라치면 어머니는 자야할 시간이라고 말하며 그녀를 방으로 들어보냈다.

지금 생각해보면 수 자신도 어떻게 그 모든 것을 다했는지 의아스럽다. 단지 숙제 외에 세 가지 과외 활동만을 했을 뿐인데, 자신이 원하는 것을 할 수 있는 시간이 턱없이 부족했다. 그렇다면 두세 가지 이상의 활동을 해내는 학생들은 어떨까? 솔직히 이야기해보자. 십대인 당신의 자녀가 잠자는 시간을 최대한 줄인다 해도, 제대로 숙제를 마무리하고 여러 가지 활동에 참여하면서 다음날을 준비할 만한 충분한 시간이 없다.

한 학생이 방과 후에 서너 가지의 활동에 매달리고, 배고프다는 생각을 하면서 집에 늦게 들어가며, 저녁을 게걸스럽게 먹은 후에 숙제를 마치고, 다음 날 그 모든 일을 다시 반복하기 위해 일어난다고 상상해봐라. 그는 많은 활동 중 어느 것 하나 잘하는 게 없거나 의무적으로 하지 않을까? 한 개인에게 그 모든 일을 해낼 수 있는 충분한 시간과 능력이 있다고 우리는 생각지 않는다.

자녀의 과외 활동을 그들이 재능 있거나 관심 있는 두세 가지 정도로 제한해라.

공부벌레는 교실 밖에서 성공하지 못한다

그럼 '왜 과외 활동이란 게 왜 필요한가' 라는 의문이 들 수 있다. 당신의 자녀가 학교에서 곧바로 돌아와 열심히 숙제하는 것이 과외 활동보다 더 낫지 않을까? 운동이나 그 외의 다른 취미 활동이 공부하는 데 방해가 된다면, 그것을 굳이 할 필요가 있겠는가?

불행히도 그렇게 생각하는 학생들이 꽤 있다. 그들은 학업과 관련이 없는 활동은 시간 낭비라고 생각하는 경향이 있다. 실제 그런 학생들은 학교 수업이 끝난 후 집으로 달려가서, 저녁 식사를 건너뛰면서까지 밤늦도록 책상 앞에 앉아 있곤 한다. 하지만 그렇게 공부한다고 해서 대학 입시 담당자에게 보다 매력적으로 보인다고 생각지 않는다. 반대로 대부분 대학에서는 전 과목에서 A학점을 받은 일차원적인 학생보다는 다재다능하면서도 학업 성적도 우수한 학생을 선호한다.

그렇다면 명문대학들이 다재다능한 학생을 선호하는 이유는 무엇인가? 즉, 교실 밖의 일엔 관심 없는 평점 4.0의 공부벌레보다 토요일에 리틀 야구단 선수들을 가르치고, 틈틈이 밴드에서 음악을 연주하면서 평점 3.6을 받은 학생을 먼저 고려하는 이유는 무엇일까? 졸업 후 학생들이 뛰어들 현실 세계에서, 가장 성공적인 사람이란 단순히 직장에서 다른 이들보다 뛰어남을 의미하지 않는다. 예를 들어 돈을 가장 많이 벌어들이며, 쉴 틈 없이 환자를 진찰하는 사람이 가장 성공적인 의사는 아니다. 그보다는 붙임성과 유능함 때문에 환자들이 자주 찾는 의사를 동료의사들과 환자들은 더 높게 평가한다.

앨리스라고 하는 제인의 법대 동기생 이야기를 살펴보자.

그녀는 자주 우울해 보이고, 수줍음을 많이 타긴 했지만 상냥한 여학생이었다. 거리낌 없이 말을 하는 다른 친구들과 달리, 앨리스는 학교에서 절대로 자진해서 나서는 법이 없었다. 그녀는 전화를 받으면 불안한 모습으로 속삭이며 말했고, 머리를 만지작거리면서 수줍어하곤 했다. 그녀는 자주 불안해하는 모습을 보였으며, 동료들 앞에 나타나는 것도 꺼렸다. 그러나 그녀의 학업 성적은 매우 우수했다. 필라델피아에서 가장 유명한 로펌에서 인터뷰 대상자를 발표했을 때, 학생들은 그녀의 학점이 얼마나 높은지 알게 되었다. 인터뷰 대상자는 주로 법대생 중 상위 10% 내에서 선발되었는데, 그녀는 다른 친구들보다 훨씬 유리한 성적을 가지고 있었다.

하지만 앨리스는 인터뷰 후, 유일하게 취업 제안을 받지 못한 학생이 되고 말았다. 그녀처럼 높은 학점을 받은 대부분의 학생들은 자신이 일하고 싶은 로펌에 취업했는데도 말이다. 그녀가 제안을 받지 못했던 이유는 바로 사회 활동에 서툴고, 사람들을 대하는 태도가 지나치게 예민했기 때문이다. 미래의 고용주들은 앨리스의 높은 학점에도 불구하고, 그녀가 고객을 대할 때 신뢰감을 주지 못할 것이라고 판단하지 않았을까? 현실 세계에서 서로 어울리며 의사소통하는 능력은 매우 중요한데, 과외 활동에 참여함으로써 아이들은 이런 능력을 배울 수 있다.

그러나 아이들이 최소한 한 가지 이상의 과외 활동에 참여하도록 해라.

과외 활동은 스스로 선택해야 한다

과외 활동을 제한할 때 가장 중요한 점은 결코 아이들의 삶에서 그것을 완전히 제외하지 말라는 것이다. 한꺼번에 많은 일을 하려 한다면 해롭겠지만, 조절 가능한 수준으로 아이들이 과외 활동에 참여한다면, 당신의 기대 이상으로 발전하는 데 도움이 될 수 있다. 최근의 연구 결과에 따르면, 아이들이 과외 활동에 참여함으로써 바람직하지 못한 행동을 자제하고, 자신의 이미지를 높이며, 사회성을 키울 수 있다고 한다. 또 숨어 있는 재능을 키우면서 아이들이 성인처럼 일상의 장애물과 혼란에 대처할 수 있다고 한다.

그렇다면 어떤 방법으로 아이들에게 과외 활동을 시킬 것인가? 아이들이 스스로 과외 활동을 고를 수 있도록 하는 것이 가장 바람직하다. 절대로 부모의 관점에서 아이에게 적합한 활동을 선택하지 마라. 당신이 발레 레슨을 원한다고 해서 아이들이 타이츠나 발레용 스커트에 만족하는 것은 아니다. 아이들이 진정 관심을 보이는 활동에 참여하도록 해라. 당신은 부모로서 자녀를 키우고 올바르게 이끄는 사람이지 아이의 운명을 통제하거나 선택하는 것은 아니다.

한 가지 기억해야 할 점은 하나의 과외 활동이 다른 분야에도 많은 도움을 줄 수 있다는 것이다. 여러 연구 결과에 따르면, 예체능 활동에 참여하는 학생들은 학업적인 성취를 인식할 수 있는 가능성이 4배, 수학이나 과학 박람회에 참여할 가능성이 4배, 학생회에서 간부를 맡을 가능성이 4배, 대학 입학 허가서를 받을 가능성이 3배가 높다고 한다. 또한 예체능 분야의 활동에 참여할 경우, 창조적인 사고와 언어 능력, 독창성, 세밀함이 향상된다고 한다.

아이들은 공동의 목표를 위해 팀워크를 발휘할 때 성공 가능성이 더 높아진다는 것을 배운다. 즉, 과외 활동을 통해 다른 사람들과 함께 어울리고, 지속적인 관계를 발전시키며, 팀워크를 소중히 여길 수 있다.

팀워크와 멀티태스킹 배우기

과외 활동이 '현실 세계'를 준비하는 데 도움이 된다는 맥락에서 살펴보면, 어느 누구도 혼자서 최고의 위치에 오를 수 없다는 점을 명심해라. 전 과목에서 A학점을 받고 SAT에서 최고 점수를 받는 것은 대개 개인의 노력으로 가능한 일이다. 하지만 인생을 살다보면, 여러 사람이 함께 성공하는 경우가 혼자서 성공하는 경우보다 훨씬 많다. 성공한 모든 사람 뒤에는 그 사람이 성공하도록 도와준 사람들이 있기 마련이며, 야구나 축구, 연극, 밴드, 학교신문 만들기 같은 과외 활동은 아이들에게 팀워크와 협동의 가치를 가르칠 수 있는 좋은 기회이다.

여러 가지 과외 활동을 수행하면 멀티태스킹 능력이 향상되는데, 이것은 현실 세계에 아주 유용한 기술이다.

몇 가지의 과외 활동(두세 가지를 넘어서는 안 된다는 것을 잊지 마라)에 참여하는 아이들은 또한 여러 가지 일을 한꺼번에 처리하고, 자신의 시간을 효율적으로 관리하는 방법을 배울 수 있다. 세계가 급변하고 있는 만큼, 효율적인 멀티태스킹 *multi-tasking*(다중처리 또는 다중작업 - 옮긴이)과 시간관리 능력을 터득한 사람은 그만큼 앞서 움직일 수 있는 기회가 많다.

당신이 바뀌어야 아이가 바뀐다

1. 팔방미인이 되는 것은 어느 분야에서도 최고가 되기 힘들다는 뜻이다.

2. 자녀의 과외 활동을 그들이 재능 있거나 관심 있는 두세 가지 정도로 제한해라.

3. 당신의 자녀가 최소한 한 가지 이상의 과외 활동에 참여하도록 해라.

4. 아이들은 공동의 목표를 위해 팀워크를 발휘할 때 성공 가능성이 더 높아진다는 것을 배운다. 즉, 과외 활동을 통해 다른 사람들과 함께 어울리고, 지속적인 관계를 발전시키며, 팀워크를 소중히 여길 수 있다.

5. 여러 가지 과외 활동을 수행하면 멀티태스킹 능력이 향상되는데, 이것은 현실 세계에 아주 유용한 기술이다.

SECRET 14

혼자 뛰는 선수는
언제나 제자리걸음이다

자기 힘으로만 산다고 느끼는 미약한 존재만큼 오만한 것은 없다.
— 보나파르트 나폴레옹

건전한 경쟁 환경이 최선의 성적을 내는 데 밑바탕이 된다는 것은

널리 알려져 있다. 올림픽에서 선수들의 기록이 얼마나 크게 향상 되는지 생각해봐라. 사실, 많은 운동선수들이 강한 압박감과 감시를 받는 상황에서 힘없이 무너지기도 하지만, 최고의 자리에 오른 선수들은 자신의 기대치를 뛰어넘곤 한다.

최근에 제프 브리지스와 토비 맥과이어 주연의 '씨비스킷Seabiscuit' 이라는 영화를 본 적이 있는데, 그 영화는 최고의 성과를 얻기 위해 경쟁이 얼마나 중요한가를 보여준다. 영화에는 씨비스킷이라는 경주마가 나오는데, 나중에 권위 있는 경마대회에서 우승하게 된다. 씨비스킷의 기수는 동료 기수에게 경주마가 결승선을 통과하기 전에 다른 경주마들을 볼 수 있게 해달

라고 부탁한다. 씨비스킷의 기수는 씨비스킷이 다른 경주마들의 영혼을 볼 수 있다면, 레이스에서 패하는 일은 없을 것이라고 말한다. 씨비스킷의 기수는 의도적으로 말의 속도를 늦추면서 씨비스킷이 다른 경주마들을 볼 수 있게 한다. 그러자 씨비스킷은 마지막 힘을 다해 결승선을 1등으로 통과한다.

혼자 뛰는 선수는 언제나 제자리걸음이다

마찬가지로 육상선수는 자신을 뒤쫓아 오는 사람이 있다면 더욱 빨리 달리지 않겠는가? 여기에 바로 경쟁의 중요성이 있다. 물론 모든 부모들은 경쟁의 역할과 중요성에 대해 우려하기도 한다. 지나치게 심한 경쟁은 스트레스의 원인이 되기 때문이다. 반면에 충분한 경쟁이 없다면 아이들은 최선을 다하려고 하지 않는다.

제인이 초등학교에 다닐 때, 제인의 영어 선생님은 글짓기 대회를 열었다. 최고의 작품에는 상이 주어질 예정이었다. 제인은 그 상을 타기 위해 최선을 다했다. 물론 제인의 선생님은 학생들에게 글짓기를 그저 숙제로 내줬을 뿐이다. 하지만 제인은 경쟁이라는 환경을 최대한 살려 자신의 기대치를 높이고, 최선의 결과를 얻으려 노력했으며 마침내 그 목표를 달성했다. 대회가 끝난 직후, 제인의 선생님은 그녀가 제출한 과제물의 수준에 놀랐다고 했다. 단순히 상을 주는 것만으로도 아이들의 노력을 최대한 끌어낸 것이다.

당신이 경쟁을 어떻게 바라보는가에 따라 궁극적으로 어느 정도 성공할 수 있는지 판가름할 수 있다. 경쟁을 최고의 자리에 이르는 광적이고 급박한 레이스라고 생각하는 사람들이 있다. 이런 사람들은 승리가 인생의 전부라고 배운다. 그래서 그들은 누군가를 밟고 올라서라도 승리를 위해서라면 물불을 가리지 않는다. 이렇게 이기적인 사람들은 노력만큼 성공하겠지만, 최고의 자리에서 외로움을 느끼지 않을까?

반면 노력한 대가를 얻으려는 과정으로서 경쟁을 받아들이는 사람들이 있다. 이들은 경쟁에 참여하는 것을 즐겁게 생각한다. 물론 이들도 승리를 바라지만 이기적이고 파괴적이며 자기중심적인 사람과는 다르다. 경쟁을 현명하게 이용할 줄 아는 사람들은 결과에 관계없이 자신의 능력을 최대한 발휘해서 그것을 완수하려 할 뿐이다. 그들은 자신을 뒤쫓는 사람의 수만큼 경쟁을 스릴로 즐겁게 받아들이는데, 그 이유는 자신이 거둘 수 있는 최고의 성적이 바로 그런 상황에서 나오기 때문이다. 그들은 남을 이긴다거나 승리한다는 결과에만 집착하지 않는다. 그 보다는 자신을 위해 보다 높은 목표를 설정하는 데 집중한다.

경쟁을 바라보는 태도는 자신의 감정 상태와 학업 성과에 큰 영향을 미친다. 당신의 기대에 충족되지 않는다고 아이들을 나무라거나 승리의 중요성만을 강조한다면, 그 아이는 파괴적인 경쟁자가 되며, 불행하고 자기중심적인 사람이 될 뿐이다. 부모들은 자녀에게 보다 바람직한 사례를 제시해주면서 경쟁을 통해 더 좋은 성과를 거둘 수 있고, 최선의 노력을 다하는 사람들이 진정한 승자라는 것을 가르쳐야 한다.

건전한 경쟁을 통해 아이들이 최선을 다해 노력하고 좋은 성과를 거두도록 해라. 물론 이성적인 범위 안에서 이기고자 하는 욕심은 바람직하다!

부모님은 우리의 교육 전반에 적극적으로 참여했다. 부모님은 수에게 최고 대학에 입학하려면 열심히 노력하라고 격려하기도 했지만, 항상 학비를 걱정해야 할 형편이었다. 수가 관심을 가졌던 많은 사립대학들은 한 학기에 수만 달러 이상의 수업료가 들었다. 부모님은 미국의 여느 중산층 부모들처럼 국가로부터 재정적 지원을 받기엔 너무 부유하고, 그렇다고 별 걱정 없이 학비를 부담하기엔 너무 가난했다.

그런 상황에서 부모님은 수가 가고 싶은 여러 대학 중 장학금 제도가 있는 곳을 찾기 시작했다. 그 중 한 곳이 집에서 20분 거리에 있는 듀크 대학이었다. '남부의 하버드'라고 알려진 듀크 대학은 또한 수업료가 가장 비싼 사립대학 중 하나였다. 한 학기의 등록금은 거의 만 달러 수준이었으며, 기숙사 비용도 추가로 내야했다.

그러나 면밀한 조사 후, 아버지는 노스캐롤라이나 출신 학생 중 20명이 등록금 전액을 면제받고 입학할 수 있는 제도가 있음을 알게 되었다. 그 학생들은 주로 수학 경시대회에서 받은 성적을 기준으로 선발되었다. 선발된 학생들이 정해진 테스트 후, 성적순으로 20명이 장학금을 받는 것이었다. 시험에는 대학과 대학원 수준의 개념들이 주로 출제되었다.

아버지는 그 기회를 잡기 위해 수와 함께 새로운 도전을 시작했다. 수는 학년을 뛰어넘는 고차원적 개념들을 공부하기 시작했고, 자칭 수학 전문가인 아버지도 샘플 문제를 풀기 위해 함께 고민했다. 시험을 앞둔 몇 달 동안, 수와 아버지는 기출 문제가 포함된 몇 권의 책을 본격적으로 파고들었다. 수는 자신의 모든 것을 쏟아 부었지만, 결국 장학금을 받지 못했다.

결과에 실망하기는 했지만 수는 실패에 현명하게 대처했다. 그녀는 목표를 위해 노력하는 그 과정에서 가치를 헤아릴 수 없는 많은 경험을 했다. 나중에 수가 존스홉킨스 대학에 진학한 후, 고등 미적분학 수업에서 그 때의 경험은 큰 도움이 됐다. 그 과목에서 수의 동료들은 몇 시간 동안 고생하면서도 최저 학점밖에 받지 못했지만, 수는 별다른 어려움 없이 A학점을 받을 수 있었다.

당신의 자녀가 경쟁에서 패했더라도 그 실패를 통해 뭔가 배웠다면, 나중에 그런 경험이 오히려 도움이 된다는 생각을 갖도록 도와줘라.

삶은 경쟁의 연속이다. 어릴 때부터 아이들은 학교에서, 그리고 운동경기에서 다른 아이들을 이기라는 말을 끊임없이 듣는다. 경쟁에서 이긴 아이들은 명문 사립학교와 뛰어난 대학들이 모인 아이비리그에 진학한다. 대학에서는 경쟁이 훨씬 치열해진다. 우수한 학점을 받은 사람들만이 일정한 전문직업을 가질 수 있다. 경쟁은 직장에 들어간 후에도 계속된다. 진급이나 승진을 위해 또 다시 경쟁해야 하기 때문이다. 그뿐인가? 최고의 자동차와 가장 큰 집을 소유하기 위해서도 경쟁한다. 또 가장 날씬한 몸을 갖기 위해 경쟁하며, 최고의 배우자를 만나기 위해서도 경쟁해야 한다. 결혼 후에는 자녀들이 부모의 경쟁의식을 다시 한 번 부추긴다. 무엇보다도 이제 부모를 대신해서 아이들이 똑같은 경쟁을 다시 반복한다.

경쟁을 편안하게 받아들이는 법

그렇다면 아이들이 어떻게 하면 경쟁을 편안하게 받아들일 수 있는지 알아보자. 당신은 자녀에게 사기를 북돋우면서 성공적으로 경쟁하는 방법을 가르쳐줘야 한다. 이제부터 당신의 자녀에게 치열한 경쟁 사회에서 편안하게 대처하도록 하는 방법에 대해 몇 가지 도움을 주고자 한다.

우선 승리란, 최선의 노력을 다하는 것이며, 그 과정에서 새로운 가치를 배우는 것이라고 인식시켜야 한다. 그러면 아이들을 경쟁에 자연스럽게 참여시킬 수 있다. 이를 위해서는 운동과 악기 다루기 같은, 교실 밖에서 이뤄지는 활동부터 시작하는 것이 좋다.

부모님은 우리가 경쟁자로서의 역할을 편안하게 받아들이기를 바랐다. 수가 다섯 살일 때, 부모님은 중고 피아노를 구입해서 거실에 두었다. 부모님은 우리가 살고 있는 아파트 건물에서 훌륭한 피아노 선생님을 찾아냈고, 우리는 일주일에 30분씩 레슨을 받기 시작했다. 피아노 선생님은 매일 30분 동안 연습할 것을 제안했다. 다섯 살배기에게 30분 동안 피아노 앞에 앉아 있으라는 것은 얼마나 힘든 요구인가? 그러나 우리는 피아노와 테니스를 배우면서 다른 학생들과 경쟁하면서 많은 것을 얻을 수 있었다.

피아노 선생님은 정기적으로 연주회를 열었는데, 그 때 아이들은 자신의 재능을 뽐낼 기회가 있었다. 우리는 자라면서 크고 작은 피아노 경연대회에 참가할 기회도 있었다. 지금은 이런 작은 규모의 대회들이 사소하게 생각될 수도 있지만, 당시 우리에게는 굉장히 큰 대회처럼 여겨졌다. 심사관 앞에서 피아노를 연주할 때면 손이 떨리고 가슴이 쿵쾅거리곤 했다.

또 수는 특별히 강한 상대와 테니스 시합을 할 때면, 심장이 멎는 듯한 느낌을 경험하곤 했다. 때로는 경기장 밖으로 뛰쳐나가고 싶기도 했지만, 부모님은 우리가 두려움에 떠는 것을 용납하지 않았다. 그리고 경기에 집중하라고 격려하면서, 우리가 일시적으로 겪고 있는 긴장감을 극복한다면 나중에 자신감과 경쟁의식을 키울 수 있을 것이라고 했다. 우리는 항상 미래의 성공과 성취를 마음속에 그리도록 배웠다.

부모님은 또한 연습을 통해서 완벽해질 수 있다고 생각했다. 우리는 경쟁에 참여할수록 요령이 생겨 경쟁을 편안하게 받아들이게 되었다. 매번 경쟁에 참여할 때마다 느끼는 두려움은 줄어들었고, 자신감은 더욱 커졌다. 무엇보다 최종적인 결과에 관계없이 우리는 항상 승리자였다! 부모님의 긍정적인 사고방식 덕분에, 우리는 창피함과 실패에 대한 두려움에서 벗어날 수 있었다.

인생은 경쟁의 연속이다. 아이들이 경쟁에서 편안함을 느끼도록 하기 위해서는 경쟁심을 기를 수 있는 활동에 몰두하도록 도와줘라.

사람들을 건전한 경쟁과 성공의 패배자로 만드는 것은 창피함에 대한 두려움이다. 많은 심리학자들은 창피함에 대한 두려움이 인간의 심리상태를 파괴하는 강력한 요인이라고 주장한다. 이런 맥락에서 최근의 여론조사에 따르면, 공개적인 연설이나 다른 사람들 앞에서 느끼는 창피함에 대한 두려움은 미국 사람들의 대표적인 두려움이며, 질병에 대한 공포를 능가한다고 한다.

두려움도 동기부여로 활용해라

질병이나 죽음은 피할 수 없는 것들이다. 그러나 창피함은 대개 스스로 만들어내는 경우가 많으며, 따라서 충분히 극복할 수 있다. 예를 들어, 당신이 승진하려고 노력하지 않는다면 승진을 못했다고 좌절감을 느끼지 않을 것이다. 또 당신이 최고의 대학에 응시하지 않는다면, 불합격 통지서를 받는 일도 없을 것이다. 그러나 이와 같은 삶을 산다면, 어떻게 목표를 성취할 수 있겠는가?

두려움이 없는 삶은 무의미하다. 부모님은 우리에게 실패와 거절, 창피함에 대한 두려움을 극복하도록 가르쳐주었다. 우리에게 꿈을 좇도록 격려해주면서 실패할지도 모른다는 말은 하지 않았다. 우리는 '경쟁' 하면서, 이번에 배운 것이 무엇이며, 다음번에는 어떻게 달라질지에 집중했다. 우리가 그렇게 경쟁에 참여한 결과는 항상 성공이었으며, 경쟁 때문에 실패나 거절, 창피함에 대한 두려움이 생길 여지가 없었다.

물론 경쟁에서 두려움을 전혀 느끼지 않은 것은 아니다. 우리는 종종 두려움이 커지는 것을 느꼈지만, 중요한 것은 그것 때문에 목표를 달성하지 못하는 일은 없어야 한다고 배웠다. 그리고 어머니는 두려움 때문에 얼어붙지만 않는다면 그것은 큰 동기로 작용할 수 있다고 말하기도 했다. 어느 정도의 두려움은 누구나 갖고 있다는 점을 인정한다면, 당신의 자녀는 성공적인 경쟁자가 될 것이다.

두려움 때문에 얼어붙지만 않는다면, 그것은 큰 동기부여가 될 수 있다.

몇 년이 지난 지금, 우리는 모든 경쟁에서 최대한 능력을 발휘하고 있다. 큰 미팅을 앞두고 제인의 손이 땀으로 젖는 일은 더 이상 없다. 또 많은 청중 앞에서 이야기할 때 수의 심장이 쿵쾅거리는 일도 없다. 우리는 어려서부터 피아노 연주회에 많이 참가하면서 무대 공포증에 대처하는 법을 배웠다. 또 테니스 시합에 참가함으로써 시합하기 전부터 우리의 경쟁심이 넘치도록 하는 법을 배웠다. 무엇보다 중요한 것은 우리가 품위 있게 패배하는 법과 오히려 우리 자신을 승리자로 생각하는 법을 배웠다는 점이다.

당신이 바뀌어야
아이가 바뀐다

1. 건전한 경쟁을 통해 아이들이 최선을 다해 노력하고 좋은 성과를 거두도록 해라. 물론 이성적인 범위 안에서 이기고자 하는 욕심은 바람직하다!

2. 당신의 자녀가 경쟁에서 패했더라도 그 실패를 통해 뭔가 배웠다면, 나중에 그런 경험이 오히려 도움이 된다는 생각을 갖도록 도와줘라.

3. 인생은 경쟁의 연속이다. 아이들이 경쟁에서 편안함을 느끼도록 하기 위해서는 경쟁심을 기를 수 있는 활동에 몰두하도록 도와줘라.

4. 두려움 때문에 얼어붙지만 않는다면, 그것은 큰 동기부여가 될 수 있다.

SECRET 15

에너지와 열정은
전염성이 강하다

친구를 고를 때는 천천히, 친구를 바꿀 때는 더욱 천천히.
— 벤저민 프랭클린

아이가 학교에서 친구들과 어떻게 지내는지 추적하는 것을 당신
은 어떻게 생각하는가? 부모가 자녀의 친구들에 대해
말하기란 쉬운 일이 아니다. 만약 당신이 자녀에게 나
쁜 영향을 준다고 생각되는 친구들과 더 이상 만나지
말라고 하면 대개는 거부감을 드러내며 반발하기 때문
이다.

그렇다고 이 문제를 그냥 넘길 수는 없다. 왜냐면 당
신의 자녀가 시간을 함께 보내기 위해 선택한 사람이
그들의 성공에 아주 중요한 역할을 하기 때문이다. 특
히 당신의 자녀가 십대라면 더욱 그렇다. 아이들은 성
장해가면서 차츰 당신의 말을 듣지 않으려고 한다. 그
들은 부모로부터 지혜를 얻으려하기보다는, 자신이 독
립하는 데 부모를 거추장스러운 존재로 여길 것이다.

당연히 십대 청소년들은 당신이 아니라 친구들에게 도움을 받으려고 한다.

아이의 친구들을 관리해라

수가 초등학교와 고등학교, 대학교에 다니는 동안 만난 친구들은 대부분 성격이나 지향점이 비슷했다. 그들은 대부분 천성적으로 조용했으며, 상대방의 말에 귀 기울이는 편이었다. 또 학급에서 다른 사람보다 앞서기 위해 열심히 노력했으며, 자신의 능력에 대해서도 자신감이 넘쳤다.

수와 달리 제인은 보다 다양한 친구들을 사귀었다. 제인은 비교적 자유로운 생각을 가진 친구들과 어울렸으며, 그 친구들은 가끔 담배를 피우거나 술을 마시고 주말에는 파티를 열기도 했다. 그러나 제인은 드러내놓고 부모님을 부정하거나 교육은 귀중한 시간을 낭비한다고 생각하는 친구들을 멀리했다.

그렇다면 우리는 나쁜 길로 이끄는 친구들을 어떻게 피할 수 있었을까?

부모님은 일찍부터 우리가 친구들로부터 주목해야 할 가치들을 일깨워주었다. 그렇다고 해서 단순히 우리를 앉혀 놓고 함께 어울려도 되는 친구와 어울려서는 안 되는 친구들을 이분법적으로 분류하지 않았다. 물론 사고방식과 가족의 분위기, 도덕적 품성을 따져 친구들을 사귀라고 한 적도 없다. 또한 다양한 부류의 친구들을 사귀지 못하도록 막은 것도 아니었다. 우리가 거의 알아채지 못할 정도로 부모님은 완곡하면서도 확고한 방법으로 우리 주변에 행동과 생각이 비슷한 아이들이 모이도록 했다.

우리가 학교에 입학하자, 부모님은 생일 파티를 열어 학급 전체 친구들을 초대했다. 열다섯 명 정도의 아이들과 그 부모들이 생일 파티에 왔으며, 우리 가족과 함께 어울려 파티를 즐겼다. 집이나 피자헛 같은 레스토랑에서 우리 부모님은 그들과 몇 시간씩 함께 보내면서 과연 그들이 우리에게 훌륭한 역할 모델이 될 수 있을지 생각했을 것이다.

친구들을 '선별'하는 생일 파티가 끝나면, 그 중 선택된 사람들은 나중에 다시 저녁식사에 초대 받았다. 맛있는 식사를 먹고 와인을 마시고 나서 어른들은 일과 부모라는 공통 화제로 이야기를 나누었으며, 우리는 친구들과 함께 놀았다. 이런 방법을 통해 우리는 똑똑하고 마음씨 고운 친구들을 사귈 수 있었다. 마찬가지로 부모님끼리도 지속적인 친목을 다져갔다. 그렇다고 해서 좋은 친구들과 그 부모들을 찾기 위해 반드시 파티를 열어야 하는 것은 아니니 안심해라. 예를 들어 박물관이나 도서관, 음악회의 초대장을 그들에게 보내는 것은 어떤가? 학습과 교육에 높은 가치를 두는 부모들은 그렇지 않은 부모들보다 당신의 제안에 보다 큰 관심을 보일 테니까.

부모는 아이들의 미래 모습이기도 하다. 자녀의 친구들을 알기 전에 그들의 부모를 먼저 알아라!

어린 시절 생일 파티는 우리 가족과 관심사가 같지 않은 아이들과 부모들을 가려내기 위한 수단이었다. 그렇다고 해서 우리가 다른 아이들보다 뛰어났다거나 부모님의 육아법이 우월했다는 말은 아니다. 부모님은 다만 딸들을 계속해서 잘 통제하기를 바랄 뿐이었다. 집에서 철저한 원칙과 근면성실함을 가르쳐 주는 것만으로 부족하다. 아이들은 누구보다도 친구들과 더 많은 시간을 보내고 있지 않은가? 아이들을 잘 관리하려면 그들을 둘러싼 친구들에 주목하는 것은 당연하다. 아무리 한 개인이 강력하고 귀중한 원칙을 지키려하더라도 많은 사람들 앞에서 그것은 종종 무력해지기 쉬우니까.

당신의 아이들이 만나는 친구와 그 부모에 대해 가능한 한 많은 것을 알아내기 위해 노력해라. 그런 다음 교육을 소중히 여기는 가정의 아이들과 당신의 자녀가 어울리도록 도와줘라.

그런데 당신이 자녀의 친구들을 골라내는 일을 하지 않는다면 어떻게 되겠는가? 너무 늦었다고 생각하는가? 물론 아예 하지 않는 것보다는 늦게라도 하는 게 낫다. 부모들은 자녀에게 헤야 할 일과 어울릴 친구들에 대해 말해줄 수 있는 권리가 있음을 기억해라. 이 말이 좀 심하게 들릴 수도 있겠지만, 요즘 부모들은 아이들을 지나치게 너그럽게 대하고, 그들이 화내거나 심하게 반발할까봐 걱정하는 경우가 많다. 그러나 자녀의 주변에 긍정적인 역할 모델과 품행이 단정한 아이들이 있는 것이 얼마나 중요한지 알아야 한다. 아이들이 말을 듣지 않거나 당신의 말에 반발한다고 해서 낙담해서는 안 된다. 그들이 당신의 합리적인 지시를 이해하는 데는 시간이 필요하다.

부모는 자녀에게 해야 할 일과 어울려야 할 친구들에 대해 말할 권리가
있다. 물론 그것은 이성적인 범위 안에서 이루어져야 한다.

에너지와 열정은 전염성이 강하다

에너지와 열정은 전염성이 매우 강하다. 목표를 높게 세우고
그것을 이룰 만한 힘이 있는 사람들로 둘러싸일수록, 아이들은
점점 그들을 따라하게 된다. 당신이 똑똑하고 자발적인 동료들
에게 둘러싸여 있다면, 당신도 그들의 영향을 받아 더 높은 목표
를 설정하게 된다.

물론 반대의 상황이 일어날 수도 있다. 당신의 자녀가 만나는
친구들이 책임을 회피하거나 품행이 단정치 못한 아이들이라면,
당신의 자녀는 공부를 멀리할 수도 있다. 또 당신이 아이들에게
성공하고자 하는 열정을 불어넣어준다 해도, 아이들이 성적이 나
쁜 친구들과 자신을 비교한다면 그 실력을 제대로 가늠할 수 없
지 않겠는가? 우리 부모님은 항상 약자들과의 대결에서 일등 하
기보다는 강자들과의 대결에서 꼴찌하는 편이 더 낫다고 말씀하
곤 했다.

아이들이 긍정적 역할 모델에 둘러싸여 있다면 다른 사람들보
다 앞설 수 있는 가능성이 더 많아진다. 예를 들어, 제인의 언니
인 수는 제인이 자신의 최종 목표를 달성하는 데 가장 많은 도움

을 준 사람이었다. 제인은 아주 어렸을 때부터 작가가 되고 싶어
했다. 물론 생활고를 겪는 작가들을 수없이 보아온 사람들이 만
류했지만, 그녀는 책을 출판하고 싶다는 희망으로 많은 기사와
단편소설, 에세이 등을 써냈다. 제인은 에세이 콘테스트에서 천
달러의 상금을 받기도 했지만, 대부분의 출판사는 다시 한 번 시
도해보라는 형식적인 수준의 거절 편지를 보내왔다. 이런 상황
이 수없이 반복되자 제인은 점점 낙담하기 시작했다.

수는 자라면서 외과 의사가 되고 싶어 했지만 작가가 되고 싶
다는 꿈도 있었다. 그녀는 미스터리 소설을 좋아했으며, 패트리
샤 코넬과 로빈 쿡의 소설이 출간되면 바로 사서 읽어야 직성이
풀렸다. 외과 레지던트 기간의 마지막 해에 수는 여가 시간을 이
용해《하트 블록》이라는 제목으로 의학 스릴러를 쓰기 시작했다.
두 달 후, 수의 첫 번째 소설이 완성되었다. 의사로 일하면서 쓴
첫 번째 작품치고는 그렇게 형편없지 않았다.

소설이 완성되자, 수는 여러 저작권 에이전트나 출판사에 출간
문의 편지를 보내기 시작했다. 서절 편지를 수없이 받은 수는, 자
신이 받은 편지만으로 침실의 천장까지 도배할 수 있을 거라고
농담하곤 했다. 결국 어느 작은 출판사에서《하트 블록》의 출판
을 제의했다. 수는 인세를 한 푼도 받지 못했지만, 그녀는 이제
책을 출판한 어엿한 작가이다. 보다 중요한 것은 그 작은 성취가
자신과 제인에게 유명한 작가가 되겠다는 동기부여로 작용했다
는 점이다.

비슷한 생각을 가진 친구들이나 역할 모델은 아이들에게 결승

선에 도달하기 위해 필요한 용기를 준다. 수는 자라면서 제인의 꿈은 작가라는 사실을 알고 있었다. 수는 항상 "너는 글을 잘 쓰는 작가잖아. 내가 너처럼 재주가 있었다면 지금쯤 소설을 두 편쯤은 썼을 거야. 네가 가진 재능을 썩히지 마"라고 제인에게 말하곤 했다. 제인은 똑똑한 척하는 언니의 말이 싫기도 했지만, 그녀의 충고는 결국 제인의 마음을 움직이고 말았다.

수의 첫 번째 소설 출간과 끊임없는 격려에 힘입어 제인은 마침내 어린이를 위한 책을 완성했으며, 대학원 졸업 후, 현실 생활에 적응하기 위해 노력하는 이십대 젊은 여성이 주인공인 코믹 소설을 쓰기 시작했다. 아직 책이 출판되지 않았지만, 제인은 언니가 소설을 완성해서 출판하는 모습을 보고 자극을 받았다. 당신과 가까운 누군가가 성공하는 것을 보면 당신도 성공할 수 있다는 생각이 들지 않는가?《하트 블록》이 완성된 지 몇 년 후, 수와 제인은 함께 이 책을 완성했다. 이제 우리는 어린 시절의 꿈을 실현한 것이다.

우정도 시간이 흐르면 변한다

'우정'이 더 이상 서로에게 도움이 되지 못할 때, 또는 친구가 더 이상 역할 모델이 아님을 알아채는 것도 중요하다. 당신은 부모로서 이런 잘못된 우정을 발견해서 끝내도록 해야 할 책임이 있다. 부모님은 항상 우리에게 나쁜 영향을 줄 수 있는 사람들을 멀리하라고 충고하곤 했다.

오래되고 굳건한 우정이라도 시간이 흐르면 변할 수 있다. 자녀의 친구가 더 이상 긍정적인 영향을 주지 못한다면, 그 친구를 멀리하라고 충고해라.

제인이 대학 때 만난 다시라는 친구 이야기를 해보자. 제인이 1학년이었을 때, 두 사람은 처음부터 서로 마음이 잘 맞았다. 밤 늦게 영화를 본 후에도 몇 시간씩 서로의 미래와 남자 친구에 대해 수다를 떨곤 했다. 두 사람은 2년 만에 한시도 떨어지고는 살 수 없는 사이가 되었다. 제인이 2학년 때 노스캐롤라이나 대학으로 옮기자, 두 사람은 아쉬워했지만 시간 나는 대로 만나기로 약속했다. 그 이후에도 전화로 진심어린 대화를 주고받으면서 생일과 봄방학을 함께 보내곤 했다. 하지만 제인이 법대에 입학하면서 상황이 돌변했다.

제인은 법대에 진학하고 나서 자신의 자유 시간이 없어졌음을 알았다. 수업이 끝나도 오후와 저녁 시간을 여유롭게 보낼 수 없었다. 저녁 시간을 모두 시험공부에 할애해야 했다. 반면에 다시는 대학 졸업 후, 레스토랑과 바에서 일을 시작했다. 다시는 저녁과 주말에 일했기 때문에 두 사람은 정기적으로 만나기가 더욱 어려워졌다.

그래서 두 사람은 밤늦게 전화하는 일이 잦아졌는데, 문제는 다시가 대화를 나누고 싶어 하는 주제가 온통 남자친구였다는 데 있었다. 게다가 제인은 다시와 밤새 통화한 다음 날에는 수업에 집중하기가 더욱 어려웠으며, 이 사실이 부모님에게 알려졌다.

부모님은 제인이 다시와 관계를 지속하는 것이 그녀에게 부담이 될 거라고 우려했다. 결국 제인도 다시가 자신의 학교 공부에 나쁜 영향을 끼치지 않도록 해야겠다고 생각했다. 어느 날 저녁에 제인은 다시에게 전화를 걸어 이제 밤새도록 통화할 수 없을 것 같다고 얘기했다.

제인과 다시는 왜 이런 사이가 되고 말았을까? 제인은 법대생으로서 자신의 새로운 역할에 다시가 무관심하며 존중해주지 않는다고 생각했다. 즉, 두 사람의 친구 사이가 지속될 수 없었던 이유는 그들에게 더 이상 비슷한 목표가 없었기 때문이다. 이 이야기가 주는 교훈은 당신의 목표가 가까운 친구나 가족의 목표와 비슷할수록 거기에 도달할 가능성이 높다는 것이다.

학창시절을 되돌아보면, 친구들은 우리의 학문적 성취와 성공에 큰 영향을 주었다. 무엇보다 우리는 그들에게서 많은 것을 배웠다. 그들의 목표는 우리의 목표였으며, 우리의 목표는 그들의 목표이기도 했다. 우리는 누군가가 목표를 달성하면 서로 축하해주었으며, 좌절하고 힘들어 할 때는 서로 격려 해주었다. 무엇보다 중요한 것은 목표를 더욱 높이 설정하고, 최선을 다하도록 서로에게 자극제가 되었다는 점이다. 부모로서 이런 관계를 북돋아주는 것이 얼마나 중요한지 잊어서는 안 된다. 그런 관계들은 상황에 따라 굉장한 차이를 만들어내기 때문이다.

당신이 바뀌어야
아이가 바뀐다

1. 부모는 아이들의 미래 모습이기도 하다. 자녀의 친구들을 알기 전에 그들의 부모를 먼저 알아라!

2. 당신의 어린 자녀가 만나는 친구와 그 부모에 대해 가능한 많은 것을 알아내기 위해 노력해라. 그런 후에 교육을 소중히 여기는 가정의 아이들과 당신의 자녀가 어울리도록 도와줘라.

3. 부모는 자녀에게 해야 할 일과 어울려야 할 친구들에 대해 말할 권리가 있다. 물론 그것은 이성적인 범위 안에서 이루어져야 한다.

4. 오래되고 굳건한 우정이라도 시간이 흐르면 변할 수 있다. 자녀의 친구가 더 이상 긍정적인 영향을 주지 못한다면, 그 친구를 멀리하라고 충고해라.

아이들이 원하는
부모는 따로 있다

가르치는 일은 두 번 배우는 것과 같다. — J.주베르

미국의 몇몇 TV 프로그램은 개인주의가 팀보다 중요하다는 가치관을 반영하고 있다. '어프렌티스 *The Apprentice*'와 '서바이버 *Survivor*' 같은 프로그램은 팀이 최종 승리를 위해 서로 경쟁하는 것으로 시작한다. 그 경쟁에서 우승한 출연자는 연봉이 높은 편인 도날드 트럼프 *Donald Trump*에 취직하거나 수백만 달러의 상금을 거머쥘 수 있다. 대부분 에피소드는 공동의 목표를 위해 각각의 팀이 펼치는 활약상에 할애되지만, 이 프로그램의 또 다른 볼거리는 패배한 팀의 구성원들이 생존을 위해 자신의 동료들을 '버리는' 대목이다. 마지막까지 살아남는 사람이 팀 동료의 희생을 대가로 상을 받게 되지만, 팀 동료의 노력은 크게 부각되지 않는다. 팀이나 집단을 그다지 신뢰하거나 중요하게 생각지 않

는 문화에서는 팀이나 집단은 개인의 성공을 위한 디딤돌로 여겨질 뿐이다. 미국에서는 한 사람에게만 승리의 기회가 주어지며, 승리자가 모든 것을 독차지한다.

누구를 탓할 것인가?

한 사람이 성공했을 때, 그 사람은 자신이 이룩한 것에 대해 전적으로 신뢰받는다. 반대로 실패했을 경우, 그 사람이 잘못에 대해 모든 책임을 질 것이다. 그러나 이것이 과연 공정하다고 생각하는가? 물론 반론의 여지는 있지만 우리는 어떤 사람이 전적으로 자신의 힘만으로 성공하거나 실패한다고 생각하지 않는다.

아이들이 어릴 때, 부모들은 대개 아이들의 실패뿐 아니라 이룩한 것에 대해서도 책임지려는 경향이 있다. 어린 아이가 식당에서 버릇없는 짓을 했을 때, 주변에 있는 사람들은 그 아이가 아니라 부모에게 따가운 눈총을 보낸다. 이때 대부분 부모들은 아이의 잘못된 행동이 자신의 책임이라고 생각한다. 이와 마찬가지로 아이들이 알파벳이나 자전거 타는 법을 성공적으로 배우면, 부모들은 이런 기념비적인 순간에 자신이 중요한 역할을 했다고 생각한다.

하지만 아이가 자라면서 이런 관계는 급격하게 변한다. 아이들은 더 이상 부모와 연장선상에 있지 않다고 생각하며, 부모들도 마찬가지이다. 부모는 아이에게 책임감을 길러주어 자신의 행동에 책임지는 법과 독립심을 가르친다. 무엇보다 미국인들은 독립심을 다른 어떤 가치보다도 중요시한다. 자동차를 사거나 대학 등록금을 벌기 위해 맥도널드에서 최소 임금을 받고 일하는 열여섯 살 된 아이들을 미국에서는 흔히 볼 수 있다. 아이들이 자신의 행동에 모든 책임을 지려는 것이 기특하기는 하지만, 그런 성숙함과 경험을 모두 갖춘 아이는 드물다.

하지만 우리 가족을 포함한 대부분 동양인 가족은 그런 사고방식을 받아들이지 않는다. 물론 우리도 독립심 같은 미국의 가치관을 중요하게 여겼지만, 부모님으로부터 공동 책임의 중요성도 배웠다. 부모님은 우리의 성격이나 교육 등 모든 부분을 자신들의 책임이라고 생각했다. 그렇다고 해서 미국의 부모들이 자녀에 대해 책임을 느끼지 않는다는 것은 아니다. 다만 아이들과 그 부모들이 독립심에 대한 강한 열망 때문에 상대적으로 가족 공동의 책임의 필요성을 잊고 있다는 것이다. 그들의 그런 가치관은 부모와 아이를 모두 자유롭고 만족스럽게 만들지만, 아이들이 교실에서 보다 나은 성과를 거두는 데는 아무런 역할도 못하는 경우가 많다.

앞에서 이미 부모님이 우리의 교과서를 살펴보는 것을 마다하지 않았고, 밤이면 교사의 역할을 자처함으로써 자녀 교육에 적극적으로 참여했다고 밝혔다. 특히 부모님은 우리가 학교에 다니기 시작한 무렵부터 교실에서의 실패나 성공에 대해 자신들의 책임이 크다고 생각했다. 직장에서 아무리 좋지 않은 일이 있던 날이라 해도 우리 성적이 나빴던 날만큼 아버지가 언짢아했던 적은 없었다. 그만큼 우리의 교육과 미래는 부모님의 인생에서 다른 어떤 것보다 중요했다. 부모님은 전적으로 우리의 교육을 책임지려 했던 것이다.

자녀가 학교에서 경험한 실패를 당신이 어느 정도 책임지려 한다면, 당신이 교육을 중요시한다는 것을 강조할 수 있다. 다만 자녀의 독립심을 해치지 마라!

우리 부모님은 단순히 의식주를 제공하는 사람으로서의 역할 못지않게 교육자의 역할을 중요하게 생각했다. 그런 신념 덕분에 우리는 부모님의 성공여부가 우리의 학업적인 성취와 직업에서의 성공에 따라 결정된다는 것을 일찍부터 배울 수 있었다. 아이들은 자신이 이룩한 것을 부모가 자랑스러워하기를 간절히 원한다. 결코 이점을 과소평가하지 마라.

그렇기 때문에 부모님은 우리를 가르치는 일을 힘들다고 받아들이지 않았다. 부모님은 우리가 질문한 내용이 아무리 간단하거나 복잡하더라도 무시한 적이 없었으며, 낯선 주제일지라도 그것을 함께 연구하고 조사하면서 시간을 보내곤 했다. 그것이 바로 부모로서 역할을 다하고 있음을 보여주는 방법이었다.

교육에 대한 당신의 책임감을 보여주기 위해서 아이들이 도움을 필요로 할 때 언제든지 당신이 기꺼이 도와줄 수 있음을 표현해라.

영감을 불어넣는 격려 편지

앞에서도 말했듯이, 제인이 고등학교 1학년 때 우리 부모님은 직장 일로 밤늦게 귀가하곤 했다. 그래서 제인의 공부를 돌보면서 보낼 시간이 거의 없었다. 그 때 부모님은 14살짜리 사춘기 소녀인 제인이 부모의 도움 없이도 학교생활을 잘 해내리라고 믿는 실수를 하고 말았다.

1학년 때 제인의 성적은 급격히 떨어졌다. 나중에 그것을 만회하기 위해 무던히도 애썼지만, 그녀는 결국 노스캐롤라이나 대학(UNC)의 입학허가서를 받지 못했다. 그 이유는 두 말할 필요도 없이 1학년 때 나쁜 성적을 받았기 때문이다.

우리 부모님은 특히 UNC를 좋아했다. 우리 가족이 노스캐롤라이나로 이사하자, 부모님은 가까운 곳에 유명한 주립대학이 있다는 사실이 얼마나 좋은지 모르겠다고 말씀하곤 했다. UNC는 노스캐롤라이나에서 등록금이 가장 싸고, 교육 시스템이 뛰어나기로 유명했다. 또한 그곳은 우리 집에서 차로 20분밖에 걸리지 않았으며, 수가 볼티모어 대학으로 떠난 후였기 때문에 부모님은 제인이 UNC에 입학하기를 염원했다.

제인이 결국 노스캐롤라이나 대학에서 국제관계학 학위를 받고 졸업하기는 했지만, 많은 사람들은 제인이 처음에 입학을 거부당했다는 사실을 모른다. 그 때 제인은 실망하면서 약간 당황하는 정도로 그쳤지만, 우리 부모님은 거의 망연자실할 정도였다. 부모님은 제인이 고등학교 때 최선을 다하지 않은 것보다는 자신들이 제인을 도와주지 못한 사실에 낙담했던 것이다. 물론 그것은 열심히 공부해서 좋은 성적을 얻지 못한 제인의 책임이다. 그렇지 않은가? 그렇지만 우리 부모님은 제인의 실패를 자신들의 책임이라고 생각했던 모양이다. 그렇기 때문에 제인이 대학 입학허가를 받지 못했을 때 누구보다도 부모님이 힘들어하지 않았겠는가?

여기서 제인의 다른 예를 하나 더 들고자 한다. 제인이 변호사 시험에 떨어진 책임을 부모님은 어떻게 받아들였을까? 제인은 그때 법대를 졸업하고 변호사 시험을 치른 이십대 중반의 나이였음에도 불구하고, 부모님은 여전히 제인에게 시간을 효율적으로 관리하며 열심히 공부하라고 강조했다. 또 법대에서 하는 공부는 단순히 수단일 뿐이고, 최종 목표는 변호사 시험에 합격해서 훌륭한 변호사가 되는 것이라고 덧붙이곤 했다.

제인이 졸업한 후, 우리 가족의 관심은 다시 다가온 그녀의 변호사 시험에 쏠려 있었다. 부모님은 노스캐롤라이나에서 수백 마일이나 떨어져 있었기에 일주일에 두 번씩 이메일로 제인과 안부를 주고받았다. 부모님은 그것을 '영감을 불어넣는 격려 편지'라고 표현했지만 제인은 그것을 '관심의 과잉'으로 받아들였다. 우리 가족은 지금도 그 이메일들을 보며 즐거워하곤 한다. 가장 기억에 남는 이메일 하나를 여기에 소개한다.

수신 : 제인
발신 : 아버지
Re : 어떻게 지내니?

안녕, 제인. 네가 템플 법과대학 졸업식에서 법학박사 학위를 받는 모습을 지켜보는 것은 정말 대단했다. 엄마와 나는 네가 지금까지 이룩한 것을 대단히 자랑스럽게 생각한다. 하지만 앞으로 있을 변호사 시험에 대비해 계획을 잘 짜야힘을 명심해라.

내가 이렇게 말하는 데는 다 이유가 있단다. 하버드 비즈니스 리뷰에 따르면, 일일 계획에 따라 공부한 사람이 계획을 세우지 않고 공부하는 사람들보다 30~40% 이상 좋은 결과를 얻을 수 있다고 한다.

너는 앞으로 두 달 동안 장기 목표와 미래의 직업을 위해 감옥에 갇혀 있다고 생각해라. 넬슨 만델라는 26년 동안 감옥에 있었지만, 열심히 공부하면서 건강을 유지했다. 결국 만델라는 남아프리카 공화국의 위대한 대통령이 되었다. 제인, 지금은 장기적인 목표를 위한 짧은 고통의 시간일 뿐이다. 너는 그것을 해내리라 믿는다. 파워포인트 파일로 자세한 일일 계획을 짜서(월, 화, 수, 목, 금, 토) 나에게 보내주길 바란다. 이것은 네가 변호사 시험을 통과하는 데 아주 중요하다고 생각한다.

- 너를 사랑하는 아빠로부터

받은 편지함에서 이런 내용의 이메일을 읽는다고 한번 상상해 봐라. 제인은 이런 이메일이 마뜩찮았지만, 자식이 최선의 결과를 얻길 바라는 부모님의 마음을 이해했다. 이런 격려와 관심에도 불구하고 그녀는 첫 번째 변호사 시험을 통과하지 못했다. 그녀는 올바르지 못한 방법으로 공부했기 때문이라고 생각했다.

법대가 자신에게 올바른 장래 진로인지 제인이 의문을 품고 있을 때, 부모님은 제인이 고등학생일 때 그녀와 함께 충분한 시간을 보내지 못한 것을 후회하곤 했다. 제인에게는 수보다 좀 더 느슨한 학습 계획을 시켰다는 것이다. 제인이 변호사 시험에 실패하자 부모님은 이런 생각을 했다고 한다. '우리가 이런 상황을 막기 위해 그 때 미처 하지 못했던 것은 무엇일까?' 부모님이 제인과 더 많은 시간을 함께 보냈더라면, 모든 일이 다르게 전개되었을까? 우리는 아무것도 확신할 수 없다. 하지만 부모님의 지도를 받으면서, 제인은 공부 방법을 바꿔 변호사 시험에만 자신의 모든 노력을 기울였다. 결국 두 번째 시험에서 제인은 멋지게 합격했다.

> 자녀가 고등학교를 졸업한 후에도 부모님의 참여는 계속되어야 한다. 대학에서의 목표달성은 직업 선택에 매우 중요하기 때문이다. 좀 더 너그러운 방식으로 자녀의 성공을 계속 감독해라.

아이들은 부모를 통해 학습한다

자신의 실패를 창피하게 생각하거나 기대에 못 미치는 결과를 두려워한 나머지 자살이나 가출을 한 아이들의 이야기를 종종 듣곤 한다. 물론 부모가 아이들에게 이런 유형의 부담을 주지 말라고 조언하려는 것은 아니다. 하지만 우리는 당신의 자녀가 학교에서 겪은 실패가 당신에게도 어느 정도 책임이 있다고 말하고 싶다. SECRET 2에서 말했던 것처럼, 학업적인 성공을 가족 전체의 성공으로 받아들여야 한다는 것을 잊지 마라.

그러나 무엇보다 아이들이 궁극적으로 자신의 행동에 책임을 저야 한다. 물론 이 점을 인식시키기 위해서는 기초 작업이 필요하다. 9살 된 아이가 과연 열심히 공부하는 것이 매일 두 시간씩 비디오 게임을 하는 것보다 장기적인 안목에서 성공에 훨씬 이롭다고 생각할 수 있겠는가? 아이들에게 우선순위는 본래부터 정해져 있는 것이 아니다. 아이들은 부모를 통해 학습하고 배운다. 아이들이 가장 중요한 일이 무엇인지 결정하도록 도와주는 것은 부모의 몫이다. 당신의 아이가 비록 반발하더라도 몇 년 후에는 틀림없이 당신에게 감사할 것이라는 사실을 잊지 않길 바란다.

당신이 바뀌어야 아이가 바뀐다

1. 자녀가 학교에서 경험한 실패를 당신이 어느 정도 책임지려 한다면, 당신이 교육을 중요시한다는 것을 강조할 수 있다. 다만 자녀의 독립심을 해치지 마라!

2. 교육에 대한 당신의 책임감을 보여주기 위해서 아이들이 도움을 필요로 할 때 언제든지 당신이 기꺼이 도와줄 수 있음을 표현해라.

3. 자녀가 고등학교를 졸업한 후에도 부모님의 참여는 계속되어야 한다. 대학에서의 목표달성은 직업 선택에 매우 중요하기 때문이다. 좀 더 너그러운 방식으로 자녀의 성공을 계속 감독해라.

20년 후,
당신의 아이가 자랑스럽길 바라며

　많은 동양계 부모들이 자녀를 명문대학에 보내기도 하지만, 그와 반대로 자녀 교육에 실패하는 경우도 많습니다. 왜 그럴까요? 이미 저희가 SECRET 1에서 말씀드렸다시피 많은 동양계 부모들이 '학습에 대한 열정과 애착심'을 아이들에게 심어주지 않은 채 주입식 교육에만 열을 올리기 때문입니다. 배움에 대한 순수한 열정, 그리고 아무리 사소한 것일지라도 배우고 있다는 그 자체에 대해 감사하고 행복해할 수 있는 자세를 어린 시절부터 가르쳐야 하는데, 그렇게 하지 못했다는 말입니다.

　제가 아는 많은 동양계 친구들이 공통적으로 하는 말이 있습니다. 어린 시절을 되돌아보면 끝없이 이어지는 수업과 숙제, 그리고 남보다 앞서기 위한 치열한 경쟁밖에 떠오르지 않는다는 푸념을 늘어놓곤 합니다. 동양계 부모들이 가지고 있는 뜨거운 교육열은 매우 바람직합니다. 하지만 부모들의 이런 열정이 아이들에게 너무 강압적으로 다가가지 않을까 염려 됩니다. 앞서 언급한 '학습에 대한 열정과 애착심'은 아이들이 휴식시간도 갖지 못한 채 공부에만 매달린다고 생겨나는 것이 아닙니다. 오히려 공부와 휴식, 일과 놀이가 적절하게 조화를 이루고 일정한 성과를 얻었을 때, 그에 따른 충분한 보상이 따를 때 자연스럽게 생기는 것입니다.

당신에게 재미가 없으면 아이들도 재미없어 합니다

다시 한 번 이야기하지만, 동양계 부모들이 가지고 있는 교육에 대한 열정은 정말 대단합니다. 하지만 저희는 그런 열정이 잘못 발휘되었을 때 아이들에게 결코 좋은 영향을 줄 수 없다는 사실을 말하고 싶습니다. 비록 길지 않은 삶을 살았지만, 이런 사례를 주위에서 많이 봐왔기 때문입니다. 주위에는 아직도 아이들에게 공부를 가르칠 때는 엄격하고 위압적인 자세가 필요하다고 생각하는 분들이 많습니다. 하지만 이제는 변해야 할 때입니다. 부모들은 '당신에게 재미가 없으면 아이들도 재미없어 한다'는 것을 항상 염두에 두어야 합니다.

한국계 이민 1세대인 샌디라는 친구의 이야기를 소개할까합니다.

샌디의 아버지는 딸에 대한 교육열이 광적일 정도로 높았습니다. 그녀의 가족이 랄리로 이사해 우리가 다니고 있던 교회에 나오기 시작했을 때, 샌디는 열 살이었습니다. 우리는 샌디를 긴 속눈썹과 수줍은 듯한 미소를 가진 귀여운 소녀로 기억하고 있습니다. 그녀의 아버지는 집안에 하나밖에 없는 딸을 위해 매우 엄격하게 공부시켰습니다.

그 당시 샌디의 일과는 다음과 같았습니다. 온 가족이 새벽 5시 30분에 일어나서 부모님이 운영하는 슈퍼마켓에 갔고, 그 곳에서 샌디는 6시에서 7시까지 아버지가 직접 선택한 고난이도의 산수 문제를 풀었습니다. 아침 학습이 끝난 후, 그녀의 아버지는 샌디를 학교에 데려다 주었으며, 수업이 끝나면 다시 딸을 태우고 가게로 왔습니다. 그녀는 부모님의 도움을 받아 숙제를 끝냈습니다. 그 후 집으로 돌아와 저녁을 먹었으며, 샌디와 아버지는 계속해서 몇 시간 동안 수학과 과학의 고급 교과과정을 공부했습니다.

분명 샌디는 수학에 재능이 있는 소녀였습니다. 그녀는 수학을 남들보다 잘해 아버지를 기쁘게 해드렸으며, 곧 자기보다 몇 살이나 많은 학생들과 수업을 함께 들었습니다. 그녀의 아버지는 샌디가 중고등학교를 다니는 동안 딸과 열정적으로 공부했으며, 마침내 샌디는 전액 장학금을 받으며 아이비리그 대학에 입학했습니다.

하지만 불행히도 이 이야기는 해피엔딩이 아닙니다. 샌디는 중고등학교 시절 학업에서 탁월한 성과를 거두었지만, 즐거운 생일 파티나 데이트를 해보거나, 댄스 파티에 간 적이 단 한 번도 없었습니다. 샌디의 아버지는 샌디가 공부만 하기를 강요했기 때문에, 샌디는 '학습에 대한 열정과 애착심'을 스스로 키워본 적이 없었습니다. 아버지가 더 이상 샌디를 간섭할 수 없는 대학으로 떠나자, 샌디에게 문제가 생기기 시작했습니다. 샌디는 자신이 그동안 한 번도 해 본 적이 없는 것들을 경험하기 위해 공부를 중단하고 정신없이 파티를 즐기기 시작했습니다. 그뿐 아니라 샌디는 나쁜 친구들과 사귀면서 재미삼아 환각제를 복용하기도 했습니다. 2년 후, 샌디는 평균 3.0학점을 유지하지 못해 입학 시 보장받았던 장학금을 놓쳤습니다. 샌디는 대학을 졸업할 수는 있었지만, 학습과 교육을 즐거움이나 개인적인 성취와 연관시키지 못하고 공부에 환멸을 느끼고 말았습니다. 샌디는 한 번도 자신의 잠재력을 발휘해 본 적이 없었으며, 그 후 부모와의 관계도 소원해졌다고 합니다.

지나치게 야심찬 학업 목표 때문에 자녀의 행복한 어린 시절을 빼앗아간다면 비참한 결과를 초래할 수 있습니다. 여러분은 자녀가 어릴 때부터 학습이 즐겁고 보상이 따르는 것이라 생각하도록 가르쳐야 합니다. 즉, 공부와 관련된 것은 물론 공부와 직접적으로 관계없는 활동들을 포함해 즐거운 기억을 많이 만들어줘야 합니다.

당신이 아이들의 진정한 스승입니다

이제 저희들의 이야기를 마무리하려 합니다. 공부에 대해서 동양계 부모들이 모든 해답을 가지고 있는 것은 아닙니다. 하지만 우리는 대체로 그들이 옳다고 생각합니다. 우리는 이 책에서 당신의 자녀가 다른 학생들보다 앞서는 것을 도와주고 지적 성취와 학업적인 성공을 얻을 수 있는 전략을 소개했습니다. 이제 이 여행의 종착역에 다다른 만큼, 우리가 제시한 비결 중 몇 가지를 살펴보고자 합니다.

　누군가 만약 '동양인들이 학교에서 공부를 잘하는 비결이 무엇인가요?'라고 묻는다면, 대부분 사람들은 '규율'이라고 대답할 겁니다. 이 책도 자녀에게 규율을 심어주는 것에 집중되어 있습니다. 예를 들어 학습과 교육에 대한 애착심을 심어주는 것, 학생의 역할을 가르치는 것, 만족지연 능력과 희생을 받아들이는 법, 장·단기 교육 목표를 세우는 것과 같은 비결들은 모두 규율을 필요로 합니다.

　세상의 모든 일이 다 그렇겠지만, 학업적인 성취와 직업적인 성공으로 이끄는 데 필요한 규율이 단 한 가지만 있는 것은 아닙니다. 하지만 우리의 16가지 비결은 당신이 아이들을 키우는 데 많은 도움이 될 것이라고 믿습니다. 자신이 세워놓은 규율을 지키려고 노력하는 부모들이 규율을 잘 지키는 자녀들로 키울 수 있다고 믿습니다. 다시 말해서 여러분은 자녀의 가장 귀중한 역할 모델입니다.

　우리는 이 책을 읽은 모든 독자들의 아이들이 지금 우리처럼 자신의 직업에 행복해 하며, 그들이 당신에게 감사하는 마음을 갖게 되길 바랍니다. 감사합니다.

수는 남편 조에게 감사의 말을 전하고자 한다. 조가 보여준 삶과 학습에 대한 열정은 그 누구에게도 비할 수 없다. 학습에 대한 사랑과 헌신이 남다른 사람과 결혼했다는 것이 수는 한없이 기쁠 뿐이다.

또, 우리는 여러 사람들에게 감사의 말을 전하고 싶다. 책을 출판하는 데 기획에서 편집까지 지원을 아끼지 않은 훌륭한 출판 대리인 웬디 서먼 *Wendy Sherman*과 케이티 데이 *Katie Day*에게 감사한다. 또한 이 책의 인용문을 위해 기꺼이 인터뷰에 응해주었던 유명한 아시아계 미국인들, 자신의 이야기를 들려준 모든 교육자, 친구들에게도 감사의 말을 전하고자 한다. 이 책은 그들의 도움 없이는 결코 완성 될 수 없었다.

지은이   **수 김 *Soo Kim Abboud* · 제인 김 *Jane Kim***

언니인 수 김은 존스홉킨스 의대를 졸업하고 펜실베이니아 대학
에서 조교수와 외과의사로 재직 중이다. 동생인 제인 김은 템플
법과대학에서 법학박사 학위를 딴 후 변호사가 되었으며, 펜실
베이니아 아동병원에서 이민 전문가로 활동하고 있다.

옮긴이   **심 재 훈**

서강대학교 사학과, 고려대학교 사학과 대학원 졸업. 번역프리
랜서로 활동하면서 에이스번역서비스(www.atsc.co.kr)를 운
영하고 있다. 역서로는 《잘 사는 사람들의 남다른 습관》, 《헤게
몬》, 《이집트 신화》 등이 있다.

한언의 사명선언문

Our Mission ─·우리는 새로운 지식을 창출, 전파하여 전 인류가 이를 공유케
함으로써 인류문화의 발전과 행복에 이바지한다.

─·우리는 끊임없이 학습하는 조직으로서 자신과 조직의 발전
을 위해 쉼없이 노력하며, 궁극적으로는 세계적 컨텐츠 그룹
을 지향한다.

─·우리는 정신적, 물질적으로 최고 수준의 복지를 실현하기 위
해 노력하며, 명실공히 초일류 사원들의 집합체로서 부끄럼없
이 행동한다.

Our Vision 한언은 컨텐츠 기업의 선도적 성공모델이 된다.

저희 한언인들은 위와 같은 사명을 항상 가슴 속에 간직하고
좋은 책을 만들기 위해 최선을 다하고 있습니다.
독자 여러분의 아낌없는 충고와 격려를 부탁드립니다.

· 한언 가족 ·

HanEon´s Mission statement

Our Mission ─· We create and broadcast new knowledge for the
advancement and happiness of the whole human
race.

─· We do our best to improve ourselves and the
organization, with the ultimate goal of striving to
be the best content group in the world.

─· We try to realize the highest quality of welfare
system in both mental and physical ways and we
behave in a manner that reflects our mission as
proud members of HanEon Community.

Our Vision HanEon will be the leading Success Model of the
content group.